なぜ、日本でFinTechが普及しないのか

欧米・中国・新興国の金融サービスから読み解く日本の進む道

大平公一郎 著

B&Tブックス
日刊工業新聞社

はじめに

「フィンテック（FinTech）とは、バズワードではないのか」

2015年頃から新聞等で盛んに登場し始めたフィンテックについて、そのように感じた人も多かったはずだ。そして、今なおそう感じている人もいるだろう。しかし、世界の状況を見ると、ひと時の熱狂は収まったものの、フィンテックは確実に金融の仕組みを変化させている。

また、フィンテックは金融業界に限った動きではない。金融はもともと経済の血液と言われてきたが、IoT（Internet of Things）やAI（人工知能）などの新しいICT、SNS（Social Network Services）などの新しいコミュニケーションツールによって社会全体がデジタル化される中で、その血液たる金融もまたデジタル化が求められている、ということであろう。

日本ではフィンテックの普及が遅れていると言われる。調査の中で世界各国の人々と議論をすると、日本はICT先進国にも関わらず、なぜフィンテックがそれほど普及していないのか、という疑問を投げかけられることがある。そのもっとも大きな要因は、日本の人々が今の金融システムの在り方に満足している、という点にあるだろう。ただ、それは日本の金融システムが完成形であるからということではなく、新しいフィンテックのサービスや、それらが積極的に使われている社会をよく知らないということに起因しているかもしれない。本書では、世界の国々で利用されるフィンテックの動向を伝えることで、新しい金融サービスのあり方を読者の方々と共に考えるきっかけになれば、と考えている。

私の属する国際社会経済研究所は、NECのシンクタンクであり、日々の調査活動の目的は、ICTがいかに人々の生活をより良いものにできるかを探るところにある。それと同時に、日本のICT企業が、世界の中でどのようなビジネス機会を見いだせるか、という点も重要視している。

既に世界中で多くのスタートアップ企業や金融機関、インターネット企業などがフィンテックの分野で活躍しているが、日本の企業が世界に大きく羽ばたいている、という状況にはまだないだろう。海外の様々な企業によるフィンテックへの取り組みを可能な限り紹介しており、日本企業による今後のグロー

バル展開への参考となれば幸いである。

　本書の構成だが、決済や融資などフィンテックの主要分野、参入企業のあり方、政策・規制動向といった形で章に分け、その中で米国、中国、欧州、日本という地域ごとに記述することで、それぞれの特徴を比較できるように心がけている。

　第一章では、フィンテックの成り立ちについて、技術的な変化や人口動態の影響、さらに先進国と新興国でそれぞれ異なる背景をまとめている。また、激しさをます都市間競争やスタートアップ企業への投資、といった視点で、様々な国や都市の位置づけを確認している。第二章では、具体的なフィンテックのサービスとして、決済を取り上げた。日本でも最近注目が集まるキャッシュレス化に焦点をあて、各地のカード決済やモバイル決済の現状、シェアリングエコノミーと決済の関係、音声と決済といった点について解説している。第三章では、オンラインレンディング、クラウドファンディングといったインターネットを活用した資金調達手段についてまとめている。第四章では、米国のロボアドバイザー、中国のインターネットMMF、米国・欧州の海外送金など、地域ごとに発展の違いがみられるフィンテックサービスを取り上げている。また、足元で動きを見せているインドのフィンテック事情については、各章に分けることはせず、第四章にまとめて記載した。

　第五章では、スタートアップ企業、金融機関、インターネット企業などフィンテックサービスを提供する組織、さらにインキュベータなどフィンテックのスタートアップ企業を支える存在について、地域ごとに特徴を見た。第六章では、政府・監督機関の動きについて、フィンテックを推進する政策や、消費者保護などの観点から設けられる規制の導入など、地域ごとに異なるスタンスを意識しながらまとめている。

　そして最後に、世界のフィンテック事情を見た上で、日本が今後どのように動いていくべきかについて、筆者なりの考えを述べている。

　本書が読者の方々にとって、世界のフィンテックの流れを把握する一助となり、また日本のフィンテック発展に貢献できれば幸甚である。

2018年2月

　　　　　　　　　　　　　　　　　　　　　　　　　　大平　公一郎

謝　辞

　本書の執筆に当たって、様々なサポート・アドバイスを下さった国際社会経済研究所の民長憲生社長、原田泉情報社会研究部部長を始め、研究所の皆様に謝意を表したい。また各国でヒアリングに対応して頂いた方々には、大変に多くの知見を頂戴した。

　本書執筆の機会を頂戴し、構成・執筆について的確なアドバイスと励ましをいただいた日刊工業新聞社の阿部正章氏にも深く感謝したい。

　最後に、精神的な支えとなってくれた家族にもお礼を述べたいと思う。

目 次
CONTENTS

はじめに …………………………………………………………………… 1
謝　辞 ……………………………………………………………………… 3

第一章　欧米から新興国へ広がりを見せるフィンテックワールド …… 7

1.1　フィンテック成長を支えるICTの発展とデジタルネイティブ………… 9
1.2　金融危機がフィンテック普及のトリガーとなった米国と欧州 ……… 13
1.3　新興国の金融サービス不足を埋めるモバイル・フィンテック ……… 15
1.4　都市間競争：フィンテックを都市成長の原動力へ ………………… 19
1.5　スタートアップ企業への投資は米中の２強が続く ………………… 22

第二章　キャッシュレス化が進む決済　カードからモバイル、その先へ … 25

2.1　キャッシュレス化のメリット・デメリット ………………………… 32
2.2　米国：小切手からカード、そしてモバイルへ ……………………… 33
2.3　シェアリングエコノミーと決済 ……………………………………… 40
2.4　音声へ移るイーコマース市場と決済 ………………………………… 44
2.5　中国：イーコマースの普及と第三者決済サービス ………………… 46
2.6　欧州：カードファーストな北欧諸国 ………………………………… 54
2.7　日本：キャッシュレス社会の構築を目指して ……………………… 60

第三章 クラウド時代の資金調達：オンラインレンディングとクラウドファンディング …… 65

- 3.1 米国：オンラインレンディングはスピードと利率が勝負の決め手 … 68
- 3.2 中国：2,000社近いP2Pレンディング事業者が覇を競う ………… 76
- 3.3 欧州：英国では中小企業を支える重要な資金源へ ……………… 82
- 3.4 日本：認知度の低さが大きな課題 …………………………… 85

第四章 地域のニーズを取り入れたフィンテックサービスの発展 …… 93

- 4.1 米国：人工知能時代の資産運用／ロボアドバイザー ……………… 93
- 4.2 中国：インターネットMMFの拡大が投資のすそ野を広げる ……… 98
- 4.3 米国・欧州：国境を越えた人材流動化を支える格安海外送金サービス ………………………………………… 100
- 4.4 欧州：英国で進む銀行のデジタル革命 ……………………… 103
- 4.5 インド：立ち上がる巨象　デジタル・インディアとフィンテック … 106

第五章 誰がフィンテックサービスを担うのか …… 113

- 5.1 米国：スタートアップ企業が業界をリードする ……………… 114
- 5.2 中国：アリババとテンセントが支配する世界 ………………… 119
- 5.3 欧州：スタートアップ企業を支える環境が充実 ……………… 125

| 5.4 | 欧州：フィンテック企業を世に知しめるFinTech50の取り組み … | 130 |
| 5.5 | 日本：SBIや楽天などインターネットに強い企業の取り組みが加速… | 132 |

第六章　フィンテックと政府 推進か規制か　……… 137

6.1	米国：積極的な促進はせず、競争環境の維持をねらう …………	138
6.2	中国：放任から管理へ移行 ………………………………………	141
6.3	欧州：積極的にスタートアップ企業を支える英国政府 …………	146
6.4	欧州：EUの改正決済サービス指令（PSD2）による オープンバンキングへの道 ……………………………………	149
6.5	日本：積極的にフィンテックを推進する政府 ……………………	151

最後に　－今後、我が国がとるべき方策－ ……………………………… 155
文中に記述した以外の参考文献 ……………………………………………… 159

第一章
欧米から新興国へ広がりを見せるフィンテックワールド

　フィンテックは既によく知られているように、金融（Finance）と技術（Technology）を掛け合わせた造語である。正式な定義は存在しないが、金融とICTを融合したサービスをフィンテックとすることが一般的である。

　これまでも金融機関は積極的にICTの導入を進めてきたが、それは各金融機関の内部、もしくは金融機関同士のつながりといった部分が中心であった。フィンテックでは、一般の消費者、店舗、企業など、金融機関以外の主体がデジタル化されたネットワークでつながり、ユニークで効率的な金融サービスを受けられることが大きな変化となっている。

　フィンテックのメインプレーヤーは、起業から間もないスタートアップ企業である。スタートアップ企業はこれまで銀行が一体的に提供してきた決済、融資、送金といったサービスの一つ、あるいはセキュリティなど技術に特化することで、効率性を高め、コスト優位性や顧客満足度の向上を追求している。自社のICTに強みを持ち、自ら構築したシステムを用いて直接消費者に金融サービスを提供する企業も多く登場している。

　フィンテックという言葉が世に広く知られるようになった2015年頃には、こうしたスタートアップ企業を既存金融機関の破壊者とする見方が強まった。2015年4月にJPMorgan ChaseのCEO、Jamie Dimon氏が述べた「Silicon Valley is coming」（シリコンバレーがやってくる）という言葉が、当時の金融機関の懸念を如実に表していたと言える。

現在、こうした脅威論もまだ残っているが、多くの金融機関はスタートアップ企業を重要なパートナーと考え、提携や買収などを通じてスタートアップ企業が開発した技術やサービスを自らのサービスに組み込み始めている。従来は、何か新しいサービスや機能を付け加えるためには金融機関自らが開発する必要があったが、他企業との連携が容易になり、提供したいサービスをより早く実装できるようになっている。

　利用者にとってのメリットはどういったものであろうか。イングランド銀行のMark J. Carney総裁はスピーチの中で、フィンテックの普及は消費者に選択肢の幅を広げ、個人のデジタル情報を元に適切にカスタマイズ化されたサービスを受けられるようにし、効率化によってサービス対価の下落も期待できる、と述べている。また、銀行などからなかなか資金調達が出来なかった中小企業にとっても、信用獲得のチャンスが広がると指摘している。このように、フィンテックの普及は、より多くの人に金融サービスの情報を与え、アクセスの手段をもたらし、生活や事業運営をサポートする機会を増やしている。

　金融システム全体としてもフィンテック普及のメリットがある。主要国の金融監督機関、中央銀行などが集まって作るFSB[1]は、2017年に発表した論文[2]の中で、フィンテックが金融安定化に与える主な利点について、金融システムの多様化、効率性や透明性の向上、金融サービスへのアクセスと便利さの改善、などを挙げている。

　金融システムの多様化では、様々な特徴を持つ企業や金融機関が参入することで、金融ショックが起きた時にも活動を継続できる企業・金融機関が残り、全ての金融機関が同時に機能しなくなるという事態を回避できることが期待されている。

　個々の企業・金融機関金融サービスの効率化は競争等を通じた全体の効率化につながり、透明性の高まりは情報の非対称性を小さくしリスクの正確な評価

1　Financial Stability Boad、金融安定理事会。主要25か国・地域の中央銀行、金融監督当局、財務省、主要な基準策定主体、IMF（国際通貨基金）、世界銀行、BIS（国際決済銀行）、OECD（経済協力開発機構）等の代表が参加。

2　「Financial Stability Implication from FinTech」

と金融商品等の価格への反映につながる。

また金融機関のサービスが利用できる人々や中小企業が増加することは、経済全体の活性化と投資活動の多様化を促すことにつながっていく。

金融サービスへの需要は地域や国の経済事情や国民性、文化などによって異なり、普及するフィンテックサービスの在り方も異なっている。2015年頃では、米国・欧州がフィンテックの先端と見なされていたが、現状では中国、そしてインドなど新興国が一気にフィンテックを取り入れている。第一章では、こうした地域や国による違いも意識しながら、フィンテックの全体像をとらえていきたい。

1.1 フィンテック成長を支える ICT の発展とデジタルネイティブ

現在のフィンテック隆盛の背景は、技術的な要因と社会的な要因の2つに分けられる。技術的な要因は主にインターネットを中心としたICTシステムの進化であり、特に①モバイル端末、②クラウド・ビッグデータ・人工知能、③デザイン（ユーザーインターフェイス／ユーザーエクスペリエンス）、④API（Application Programming Interface）、などの普及や進化が大きく影響している。

こうした技術の開発では、世界でもシリコンバレーを抱える米国が先んじており、フィンテックの発展・普及において地域的な中心になっていることの大きな要因である。以下では、主要な技術的要因について、項目別にまとめている。

モバイル端末

スマートフォンやタブレット端末の普及によって、どこでもインターネットに接続し、オンライン上のサービスを利用できる環境が整った。個人向けフィンテックサービスの多くは、モバイル端末上のアプリで操作が可能であるほ

か、内蔵されたNFCチップ[3]による電子マネー決済やカメラを利用したQRコード決済などスマートフォン・モバイル端末の独自機能を利用したサービスもある。

クラウド・ビッグデータ・AI（人工知能）

モバイル端末をつなぐ通信ネットワークの高速化・大容量化が進み、従来は端末側で処理・保有していた情報・データを全てインターネット上に移して処理・保有するクラウドサービスの利用が一般的になった。SNS上に上げられる個人の趣味趣向・活動の情報や、イーコマースでの買い物履歴、支払状況、家計簿アプリの情報といった、これまでなかった新しい情報が、ネットワーク上で取得が可能になってきており、こうした大量のデータをクラウド上で収集・蓄積・分析することで、例えば融資の判断などに活かすことができるようになってきている。

デザイン（ユーザーインターフェイス／ユーザーエクスペリエンス）

個人向けフィンテックサービスがスマートフォンを中心に提供される中で、その操作の簡単さ、わかりやすさ、使いやすさが、サービスが選ばれる大きなポイントとなっている。特に既存金融機関の弱点であることが多く、スタートアップ企業の買収や提携の目的にもなっている。

API（Application Programming Interface）

APIは、あるコンピュータプログラム（ソフトウェア）の機能や管理するデータなどを、外部の他のプログラムから呼び出して利用するための手順やデータ形式などを定めた規約のことである。ウェブ上での様々なサービスをつなげるためのAPIは特に「Web API」と呼ばれることもあり、Googleやヤフー、フェイスブックなどが自らのAPIを公開し、補完的で多様なWebサービスが生まれている。こうしたAPIで様々なサービスをつなぐプラットフォームはAPIエコシステムやAPIエコノミーと呼ばれている。

フィンテックでも、既存金融機関やスタートアップ企業がAPIを公開する

---

3 Near Field Communication 28ページコラム参照

ことで、それぞれのサービスを連携させる動きが動いている。特に銀行の持つデータを公開するオープンバンキングは、欧州や日本など政策として進められており、今後の新しいサービス開発につながると期待されている(オープンバンキングについては第六章参照)。

　こうしたICTの発達が金融サービスに与える影響について、効率化や使いやすさの向上といった点に加えて、これまで富裕層や大企業向けに限られていた金融のテーラーメイド商品を一般に提供することを可能にするという指摘もある[4]。

　現在、個人や企業の活動の多くがデジタル化され、長期間にわたって自動的に蓄積されたビッグデータとなっている。これまで金融機関は限られた範囲の顧客情報しか入手できておらず金融サービスも画一的な提供にならざるを得なかったが、顧客のビッグデータを人工知能などで適切に分析・活用することにより、個人の事情に沿った金融サービスを提供することができるようになるのである。

　ユーザーの変化も大きい。米国では人々を生まれた年によっていくつかの世代に区分し[5]、それぞれにライフスタイルや考え方に大きな違いがあると捉えられている。この中でも1980年代・1990年代に誕生した世代[6]はミレニアル世代と呼ばれ、人口も多く労働市場でも中核を占め、金融サービスにとっても銀行口座の開設、資産運用、住宅ローンの利用などを始める重要な顧客層である。

　このミレニアル世代は、デジタルネイティブとも言われ、幼少期からコンピュータに慣れ親しみ、インターネットにつながることが生活の一部として育った世代である。その結果、インターネット上の口コミやランキングなどICTを駆使して取得できる情報やコミュニケーションに購買意思決定が大きく

4　コロンビア大学ビジネススクール日本経済経営研究所東京コンファレンス「フィンテックは共通価値を創造できるのか」

5　GI世代(GI Generation)、沈黙の世代(Silent Generation)、ベビーブーマー(Baby boom Generation)、ジェネレーションX(GenerationX)、ミレニアル世代(Millennial Generation)、ジェネレーションZ(Generation Z)、など。

6　Viacom Media Netrowks The Millennial Disruption Index

影響を受けると言われている。また、幼少期や就職前に金融危機を経験し、資産価格の下落や経済の落ち込みを見てきた世代であるため、モノを所有することへのリスク意識、費用対効果意識が高く、利便性や価格を追求する傾向が強いとされている。

ミレニアル世代の考え方は、金融サービスの選択にも影響を与えている。米国のメディア企業Viacomがミレニアル世代を対象に2013年に行ったアンケート調査[7]は大変に有名だが、回答者の73%が既存銀行よりもGoogleやAmazonなどが提供する金融サービスにより興味があると回答している。ミレニアル世代の既存金融機関に対するシビアな見方とテクノロジー企業への共感が顕著に表れており、フィンテックサービスを積極的に利用する動きにつながっている。

世界主要国の年齢別人口構成比を見ると、日本やドイツなどは40代から50代台が人口の最も多い世代となっているが、主な新興国では、ミレニアル世代やその下のジェネレーションZと呼ばれる世代にあたる40才以下の人々の構

	19才以下	20-39才	40-59才	60-79才	80以上才
先進国					
米国	25%	27%	26%	18%	4%
日本	18%	22%	27%	25%	8%
ドイツ	18%	24%	30%	22%	6%
英国	23%	26%	27%	19%	5%
フランス	24%	24%	26%	20%	6%
新興国					
中国	23%	30%	31%	14%	2%
インド	37%	33%	21%	8%	1%
インドネシア	36%	32%	23%	8%	1%
ブラジル	30%	33%	24%	11%	2%
パキスタン	45%	32%	16%	6%	1%
ナイジェリア	54%	28%	13%	4%	0.2%

図表 1-1　各国人口の年齢別構成比[8]（2017年予測）

7　Viacom Media Netrowks The Millennial Disruption Index
8　国際連合 World Population Prospects データを元に作成

成比が圧倒的なボリュームゾーンになっていることがわかる。年齢以外にも様々な要因があることは承知しつつも、単純に世代別の人口比率から見ると、ICTへの親和性が高い若い世代の比率が高い新興国に、フィンテック拡大の可能性を見出すことができるだろう。

1.2 金融危機がフィンテック普及のトリガーとなった米国と欧州

　フィンテックが米国や欧州（特に英国）で発展した社会的な要因の一つには、2008年に発生したリーマンショックとその後の金融危機の経験がある。この金融危機によって、欧米の金融機関は経営基盤が揺るがされるほどの大きな痛手を受け、倒産・合併・資本受け入れ・国有化など、業界全体の枠組みが大きく変化することとなった。

　大手金融機関の経営危機による経済の混乱と、救済のための多額の公的資金の注入は、金融機関のリスクテイクを抑えるべきという意見につながり、米国では、2010年7月に金融危機の再発を目的としてドット・フランク法が成立した。この中では、大手金融機関に対して自己資本規制、レバレッジ制限、流動性規制、統合的リスク管理などが課され、銀行によるヘッジファンド・プライベートエクイティファンドへの投資・スポンサーの禁止なども定められた。

　また国際的な金融規制改革への動きも高まり、2010年には国際的に活動する銀行の自己資本比率や流動性比率に関する国際統一基準の見直し、いわゆるバーゼルⅢについて合意が成立し、2013年より適用が始まった[9]。さらに2011年にはFSB[10]でG-SIBs[11]が認定され、バーゼルⅢの自己資本比率規制のさらな

9　バーゼル合意とは、バーゼル銀行監督委員会が公表している国際的に活動する銀行の自己資本比率や流動性比率等に関する国際統一基準で、日本を含む多くの国で銀行規制として採用されている。1988にバーゼルⅠ、2004にバーゼルⅡ、2010年にバーゼルⅢについて合意。バーゼル銀行監督委員会は、銀行を対象とした国際金融規制を議論する場として、G10諸国の中央銀行総裁会議により設立された銀行監督当局の委員会で、現在は日本を含む27の国・地域の銀行監督当局および中央銀行により構成されている。
10　Financial Stability Board、金融安定理事会
11　Global Systemically Important Banks、グローバルなシステム上重要な銀行

る上乗せや、総損失吸収力（TLAC）[12]の確保などが求められた。

　このように金融危機による巨額の損失計上と財務状況の悪化、さらに金融機関に対する規制が強化されたことで、金融機関は積極的にリスクを取って融資・資金提供をすることが難しくなった。結果として、資金の需要家に対して十分な融資・資金供給ができない、満足なサービスが提供できないといった状況が生み出されたのである。

　一方、一般市民の立場から見ると、大手金融機関は巨額の税金を投入し救済されるのに対し、失業などでローンが払えない普通の市民は自宅から追い出されるといった状況があり、既存金融機関に対する信頼が大きく損なわれていた。

　このように金融機関による資金供給が制限されたことや、市民の金融機関に対する厳しい心情は、フィンテックという既存金融機関に比較して「実績には乏しいが、透明性が高くて、安くて速い」サービスを欧米社会が受容する、重要な要因となったのである。

　振り返って今、前回の金融危機からおよそ10年がたち、既存金融機関の体力も徐々に回復してきた。人々の既存金融機関への怒りも徐々に薄れつつあるのではないだろうか。

　そうした中で、感情的な反発よりも便利さやコストのメリットなどが金融サービス選択の鍵になり、既存金融機関でもフィンテックを取り入れて便利で安価に金融サービスを提供できれば、選択される時代に移行しつつある。こうしたムードは、昨今のスタートアップ企業と既存金融機関の協業につながっているだろう。

　日本はどうであろうか。リーマンショックとその後の金融危機の影響は日本経済にも大変な影響を与えたが、不良債権の規模などはそれほど大きくならず、相対的に金融機関の傷は浅かった。

　一方、比較となるのは、1990年初頭に始まるバブル崩壊以降の長い金融不況であろう。銀行は多額の不良債権を抱え、貸し渋り・貸しはがしが社会問題

12　TLAC：Total Loss-Absorbing Capacity には、バーゼルⅢ適格の自己資本に加えて、破綻時に元本削減や株式転換によって損失を吸収する TLAC 適格の負債が含まれる。

となった。必要な資金需要を満たすために、中小企業向けでは商工ファンドや日栄、個人向けでは武富士やアコムといったノンバンクが急成長を見せたが、当時はインターネット黎明期ということで、こうしたノンバンクがICTを活用したフィンテック企業になることはできなかった。

日本で既存金融サービスの代替としてのフィンテックが盛り上がらない理由は、こうした金融事情の違いも大きいと考えられる。歴史にifはないと言うが、もし1990年代にインターネットやスマートフォンが普及していたならば、日本がフィンテック先進国として世界をリードしていた可能性も考えられる。

1.3 新興国の金融サービス不足を埋めるモバイル・フィンテック

先進国では、金融危機の影響で一時的に金融サービスの行き届かない所が生まれ、またICTの進化が従来よりも便利で効率的な金融サービスを生み出したことが、フィンテックの普及につながった。

一方、新興国では、そもそも金融サービスの提供がない、もしくは不足している地域が多く、潜在的な需要に既存の金融の仕組みが対応できていない状況がある。

これを端的に示しているのが、最も基本的な金融サービスである銀行口座の保有率である。銀行預金口座は、貯蓄、振込、カード決済など様々な金融サービス利用の基礎となるが、新興国では銀行口座を持たない人々がまだ数多く残っている。

世界銀行[13]によると、2014年で世界の全成人のうち、銀行口座を持っている人口の比率は61.5％に留まる。そのうち先進国が集まるOECD諸国の銀行口座保有率は94％であるのに対し、中所得国[14]は57.6％、低所得国[15]は27.5％となり、経済水準が低い国々では銀行口座を持たない人々の方が多い状況だ。銀行

---

13 世界銀行「The Little Data Book on Financial Inclusion 2015」
14 1人当たりGNIで1,046ドル〜12,746ドル
15 1人当たりGNIで1,045ドル以下

口座を開けない理由は、貧困に加えて口座開設の費用負担や文字が書けず複雑な書類の準備ができない、といったことがある。また支店が少なく、交通網の整備不足もあって口座開設手続ができる銀行までたどり着けないというケースもあるようだ。こうした国々では、決済に現金が使われ、融資は友人や知人から貸付を受けることが多い。経済の血液とも言える金融サービスが国民に行き届いていないことが、経済成長の妨げにもなっている。

国名	人口百万人 （2016年）	銀行口座 保有率 （2014年）	携帯電話100人 当たり保有台数 （2016年）
中国	1,379	78.9%	96.88
インド	1,324	53.1%	86.95
インドネシア	261	36.1%	149.13
ブラジル	208	68.1%	118.92
パキスタン	193	13.0%	71.39
ナイジェリア	186	44.4%	81.82
バングラディシュ	163	31.0%	77.88
ロシア	144	67.4%	163.26
メキシコ	128	39.1%	88.23
フィリピン	103	31.3%	109.17
エチオピア	102	21.8%	50.51
エジプト	96	14.1%	113.70
ベトナム	93	31.0%	128.04
イラン	80	92.3%	100.07
トルコ	80	56.7%	96.87
コンゴ	79	17.5%	39.48
タイ	69	78.1%	172.65
南アフリカ	56	70.3%	142.38
タンザニア	56	39.8%	74.36
ミャンマー	53	22.8%	89.26

図表 1-2　主要新興国　銀行口座保有率と携帯電話保有率 [16]

16　世界銀行「World Development Indicators database」「The Little Data Book on Financial Inclusion 2015」、ITU「Mobile-cellular subscriptions」

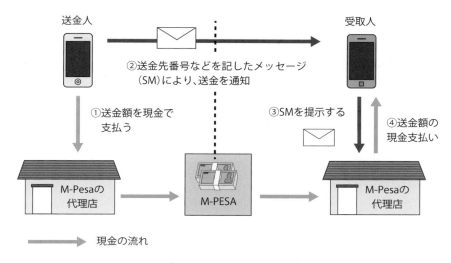

図表 1-3　M-Pesa の仕組み

　一方、新興国において、携帯電話の普及は大変に進んでいる。**図表1-2**では、主な新興国における人々の銀行口座保有率と携帯電話の保有台数をまとめているが、パキスタン、エジプト、エチオピアといった銀行口座の保有率が20％程度に留まる国々でも、携帯電話の保有率が50％以上に至っている。こうした国々では、携帯電話が他の人と情報をやり取りする唯一の手段であり、フィンテックという言葉が普及する以前から、携帯電話を利用した金融サービスの普及が始まっていた。

　代表的な例としては、ケニアのM-PesaやパキスタンのEasypaisa、フィリピンのGCashといった送金サービスがある。M-Pesaは、利用者がM-Pesa代理店に口座を開設し一定金額を預け入れておき、送金内容を携帯電話のショートメールで受取相手に送ると、受取相手は近くの代理店でお金を受け取る仕組みになっている。サービスは、送金以外にも請求書への支払いや社会保障・年金の受け取りなどに広がっており、人々が携帯電話を使った金融サービスを利用する素地は既にできている。M-Pesaなどは、主にフィーチャーフォン（日本で言うガラケー）でサービス提供が行われたこともあり、機能は送金が中心であった。

現在は新興国でもスマートフォンの利用がかなり進んでいる（**図表1-4**）。スマートフォンはフィーチャーフォンと比較して情報処理能力が高く、アプリを通じて多様な金融サービスを提供することが可能である。金融機関のインフラはないがスマートフォンはあるという新興国が置かれた状況の中では、スマートフォンを使ったフィンテックサービスが発展していくことは、きわめて自然であろう。金融サービスへの潜在的な需要が大変に大きい中で、過去に築き上げてきた金融インフラがない分、新しいフィンテックサービスが砂地に水をしみこませるように浸透していくのである。

　新興国におけるフィンテック普及にはいくつかの課題も考えられる。例えば、スマートフォンの端末は普及しても、それをつなげる通信ネットワークの整備が追い付いていないことがある。人口100人当たりのモバイルブロードバンド利用者数を見ると[18]、中南米や南アジア、アフリカの国々では30人を下回る国々も多く存在し、リアルタイム性が求められるサービスでは普及の妨げになる可能性がある。またスマートフォンを操作するには一定程度のICTリテラシーが求められるが、それ以前に識字率が50％にも満たない国々もアフリカには存在する。

　当面はこうした課題がフィンテックサービス普及の障害となりそうだが、逆

国名	スマートフォン利用率	国名	スマートフォン利用率
中国	83%	フィリピン	65%
トルコ	77%	ロシア	61%
メキシコ	72%	インドネシア	60%
ベトナム	72%	南アフリカ	60%
タイ	71%	ナイジェリア	56%
ブラジル	67%	インド	40%

図表1-4　主要新興国におけるスマートフォンの利用率（2017年）[17]

17　Consumer Barometer with Google
18　ITU「The State of Broadband:Broadband catalyzing sustainable development September 2016」

にこうした課題をビジネス機会ととらえ、たくましく成長していくスタートアップ企業も登場する。緩やかかもしれないが、変化は着実に進んでいく。

1.4 都市間競争：フィンテックを都市成長の原動力へ

　金融は経済の血液とも言われ、金融サービスの発展は、国・都市の経済成長に密接にかかわっている。その中でも、貿易金融、長期資金調達、資産運用といった金融機能に強みを持つ都市が存在し、国際金融センターと呼ばれている。

　先進国の多くは、産業構造が製造業からサービス業中心へと移行する中で、収益性が高く規模も大きい金融サービスを強化したいという考えを持っている。新興国も、自国の産業発展の土台となる金融機能の育成には積極的だ。また、国際金融センターには大手金融機関の本店・支店が集まり、高額な給与に誘われた優秀な人材が多く集まることも魅力の一つになる。

　今、フィンテックのスタートアップ企業が多く誕生し、様々な新しい試みがなされることで、革新的な金融サービス、イノベーションの創出が期待されており、革新的な金融サービスが持続的に生み出されることが金融市場としての競争力の維持・向上につながっていくと考えられている。また、従来の金融サービスのあり方がフィンテックの発展によって大きく変わる中で、その変化についていかないと、これまで築き上げてきた国際金融センターとしての立場が低下するのではないかという危機感もある。

　フィンテックサービスの発展では、金融の側面に加えて、ICTインフラの整備状況やICTを使いこなせる人材の豊富さといったICT分野の状況も重要な要素だ。さらにはスタートアップ企業が技術やサービスを開発して市場に投入する主役となることから、起業がしやすくスタートアップ企業を支援する体制が整っている、といった点も重要になる。また、金融サービスは顧客がいて初めて成り立つものであり、単純にその都市でどれくらいの利用者が見込めるのか、利用者の需要はどういったところにあるのか、といったことも大切になるだろう。

具体的な都市の比較について、代表的な国際金融センターのランキング指標としてZ/Yen Groupが毎年発表しているthe Global Financial Centres Index（GFCI）がある。またGlobal Fintech Hub Federation（GFHF）とデロイトが共同で作成したフィンテック企業にとって世界の各都市がどの程度魅力的なのかを示す報告書[19]があり、Index Performance Score[20]によるランキングを発表している。**図表1-5**では、両指数を並べて比較しているが、ロンドン、シンガポール、ニューヨークなどは、両指数において上位にランキングされている。フィンテックが強い都市（Index Performance ScoreがGFCIを上回る）にはシリコンバレー[21]、シカゴ、ストックホルムなどがあり、従来型の金融が強い都市（GFCIの順位が上回っている）は、香港、東京、上海、トロントなどとなっている[22]。

GFHFの報告書ではフィンテックハブとして必要な要素について各都市が自己評価を行っているが、シリコンバレーはイノベーション文化、顧客との密接度、海外のスタートアップ企業の取り込みなどで優れているとし、シカゴは顧客や専門家との密接度を高く評価している。一方、東京は政府によるサポートは高く評価しているが、それ以外は平均程度としている。このように都市としての強み弱みを把握し、対策を打っていくことが都市間競争に勝つためには必要だろう。

Index Performance Scoreではやや遅れをとっている東京だが、2017年11月に『「国際金融都市・東京」構想〜「東京版金融ビッグバン」の実現へ』を発表し、アジア・ナンバーワンの国際金融都市の地位を取り戻すための施策を打ち出している。この構想の中で、フィンテック企業の発展は重要な柱となっており、インセンティブ提供や規制緩和等による海外企業の誘致、アクセラレータプログラムの実施、東京都における国際金融人材の計画的な育成といった施策が掲げられている。この「東京版金融ビッグバン」を進めることによって、

---

19 A tale of 44 cities Connecting Global FinTech: Interim Hub Review 2017
20 同指数はGlobal Financial Centre Index 2016、Doing Business 2017、Global Innovation Index 2016という3つの指標を元に算出されている。リストの対象となる国は、GFHF加盟国の44都市である。Doing BusinessとGlobal Innovation Indexは国ごとの数値であり、同一国に存在する都市全てが同じ値があてはめられている。
21 明示はされていないが、GFCIのサンフランシスコの数値を利用しているとみられる。
22 北京はIndex Performance Scoreの対象外である。

日本の金融・保険業がGDPに占める割合を現状の5%に満たない規模から英国に近い10%に倍増させ、GDPを約30兆円押し上げる効果があると試算するなど、大変に大きな経済効果も見込んでいる[23]。

ここでは東京都の例を上げたが、世界の各都市がこうした経済効果なども狙いながら、フィンテック企業の育成と新しい金融センターの地位確保を目指している。

	Index Performance Score（2017年4月）			GFCI（2017年9月）	
	都市名	スコア		都市名	スコア
1	ロンドン	11	1	ロンドン	780
2	シンガポール	11	2	ニューヨーク	756
3	ニューヨーク	14	3	香港	744
4	シリコンバレー	18	4	シンガポール	742
5	シカゴ	20	5	東京	725
6	香港	22	6	上海	711
7	チューリッヒ	41	7	トロント	710
8	シドニー	45	8	シドニー	707
9	フランクフルト	46	9	チューリッヒ	704
10	トロント	50	10	北京	703
11	ストックホルム	55	11	フランクフルト	701
12	東京	55	12	モントリオール	697
13	ダブリン	56	13	メルボルン	696
14	台北	57	14	ルクセンブルグ	695
15	アムステルダム	70	15	ジュネーブ	694
16	コペンハーゲン	71	16	サンフランシスコ	693
17	エジンバラ	76	17	バンクーバー	692
18	パリ	76	18	ドバイ	691
19	オスロ	77	19	ボストン	690
20	ルクセンブルグ	83	20	シンセン	689

図表1-5　世界の金融都市ランキング Index Performance Score と GFCI[24]

23　東京都「国際都市・東京」構想
24　The Global Financial Centres Index 22

第一章　欧米から新興国へ広がりを見せるフィンテックワールド

1.5 スタートアップ企業への投資は米中の２強が続く

　フィンテックのメインプレーヤーはスタートアップ企業であるが、起業から製品・サービスを開発し、顧客に販売するまでには一定程度の時間が必要である。一方、スタートアップ企業が事業を運営していくうえで、人件費、オフィス費用、コンピュータなどの購入費など、最初から資金が必要であることは言うまでもない。資金の調達方法として、経営陣による出資や銀行からの融資があるが、当面の返済の必要がなく、ある程度の金額をまとめて調達できる方法として、外部投資家への株式売却による資金調達がある。

　スタートアップ企業が必要とする資金を提供する重要な主体にベンチャーキャピタルがあるが、2016年における世界のフィンテック企業に対するベンチャーキャピタルの投資額は、前年比で＋7％の178億ドルと増加が続き、2012年の水準から7倍近い水準となり、投資件数も同期間で2.6倍に達している（**図表1-6**）。

　国別の投資額をみると、投資件数、投資額ともに米国が飛びぬけて多い状況が続いてきたが、2016年では中国が米国を抜いてトップに立っている。この中国の伸長は特別な大型案件の影響も大きいが、世界のフィンテックの中で中国の存在感の高まりを表すものでもあろう。欧州では、英国が最も投資金額が大きく、アイルランドやドイツなどがそれに続いている。また2017年前半にはインドやスウェーデンといった国の金額も伸びてきているが、特定の大型投資案件の影響が大きく、基本的には米国と中国の２強状態に変化はないと言えるだろう。

　今後の投資動向を考えると、ベンチャーキャピタルによる投資額はやや頭打ちの傾向が続くと想定される。スタートアップ企業のビジネスモデルが、自ら利用者にサービスを提供するものから、セキュリティやコンプライアンスなどに移り、企業の規模が小型化する傾向にあると考えられるからだ。また、投資主体もベンチャーキャピタル中心から、既存金融機関など多様化しつつある。スタートアップ企業の資金調達の手段も、クラウドファンディングやICO[25]の

25　Initial Coin Offering

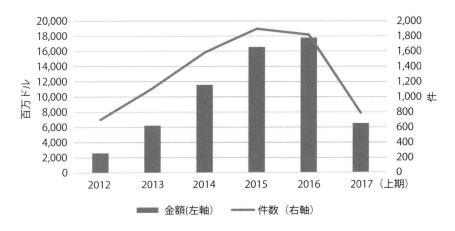

図表 1-6　ベンチャーキャピタルによるフィンテック企業への投資 [26]

活用（第三章参照）など、様々に分散する可能性がある。

　国別にみると、スタートアップ企業の数や市場の大きさからみて、米国と中国での投資額が多い状況は続くだろう。一方、潜在的な拡大のチャンスがあるのはインドだ。フィンテックサービスの普及にはまだ越えなければいけない障害も多いが、圧倒的な人口と金融サービスを十分に利用できていない人が多いインドは、フィンテックサービスを手掛ける企業にとって大きな魅力を持つ国である。今後、ますます多くのスタートアップ企業が登場し、出資を受ける機会が増えるだろう（インドのフィンテック事情は第四章参照）。

	国名	金額		国名	金額
1	中国	7,730	8	イスラエル	173
2	米国	6,182	9	香港	170
3	英国	783	10	ブラジル	161
4	アイルランド	524	11	オーストラリア	91
5	ドイツ	384	12	日本	87
6	インド	272	13	シンガポール	86
7	カナダ	183	14	メキシコ	72

図表 1-7　国別の VC によるフィンテック企業投資額（2016 年、百万ドル）[27]

26　Innovate Finance「The H1 2017 VC FinTech Investment Landscape」
27　Innovate Finance「THE 2016 VC FINTECH INVESTMENT LANDSCAPE」

	国名	金額		国名	金額
1	米国	3,263	6	ドイツ	166
2	中国	1,007	7	カナダ	123
3	英国	564	8	シンガポール	79
4	インド	419	9	フランス	78
5	スウェーデン	297	10	韓国	59

図表 1-8　国別の VC によるフィンテック企業投資額（2017 年 1-6 月、百万ドル）[28]

28　Innovate Finance「The H1 2017 VC FinTech Investment Landscape」

第二章
キャッシュレス化が進む決済 カードからモバイル、その先へ

　フィンテックにはいくつかの代表的な領域があるが、その中でも重要なのが決済である。決済とは、取引によって発生した債権債務を、実際にお金や品物をやり取りするなどして解消することである。商品売買で現金払いの場合は取引＝決済となるが、品物を受け取りから代金の支払いまで時間差がある場合には、決済が独立した行為となる。

　決済には中央銀行や銀行の間で行われる資金決済や証券決済などもあるが、フィンテックでは個人と企業（小売店舗）、個人間や企業間、個人や企業と金融機関の間の決済、いわゆるリテール決済を対象としたサービスの提供が多い。

　小売店舗や個人間の取引で使われる代表的な決済手段はお札や硬貨など現金であり、この現金を代替するものとしてカード（デビット・クレジット・プリペイド）や電子マネーがある。また小売店舗ではあまり使われないが、個人や企業の間で利用される決済手段に、口座振替や送金がある。またフィンテックでは、特にスマートフォンなどモバイル端末を利用した決済手段が積極的に開発され、さらにはAIスピーカーを使ったイーコマース決済なども出てきている。主な決済手段の特徴は以下のようなものである。

・現金には銀行券（お札）、貨幣（硬貨）があり、日本では日本銀行が銀行券を発券し、日本政府が貨幣（硬貨）を発行している。また、日本銀行法では銀行券（お札）に無制限の強制通用力があることが定められている。

- カード決済では、プリペイドカード、クレジットカード、デビットカード、電子マネー（プリペイドカードと重複）などが使われる。それぞれの特徴は**図表2-1**にまとめているが、磁気テープやICチップを埋め込んだプラスチックカードを使うため、小さくて軽く、持ち運びしやすいというメリットがある。
- 口座振替・引き落としは、公共料金（電気・ガス・水道など）やクレジットカード等の支払いを銀行口座から自動的に引き落とす決済サービス。英語ではDirect Debitである。
- 送金・口座振込は、他の銀行口座への資金移動で、一般的には第三者の口座への送金手段として用いられる。英語ではCredit Transferとなる。
- 電子マネーは、ICカードやサーバ上に、あらかじめ現金や預金と引き換えに電子的な貨幣価値を蓄積し、取引の際に代金相当分を相手方に提供する仕組みとなっている。

現金以外の手段を利用した決済は、いずれもキャッシュレス決済と呼ばれて

名称	概要	日本における代表的なサービス
プリペイドカード	あらかじめ入金しておくことで、一定金額の価値を持つカード型の有価証券。紙、磁気カード、ICカード、などの形がある。	紙：一般の商品券 磁気：テレホンカード IC型：電子マネー（スイカ、ナナコ、ワオン、楽天エディなど）
クレジットカード	後払い決済用カード。支払いまでには一定の期間があり、その見返りとして消費者から利息や手数料が支払われる[29]。融資機能を持ち、ATM[30]やCD[31]で借入れ（キャッシング）可能。	クレジット会社が提供。一般にVISA、Mastercard、JCB、AMEXなど国際ブランドの仕組みを利用。
デビットカード	預金口座と紐付された即時決済用カード。代金が預金口座から即時に引き落とされ、通常は紐づけられた口座残高が利用上限となる。	通常、預金口座を持つ金融機関が提供。国際ブランドの仕組みを利用。

図表2-1　主なカード決済手段

---

[29] 日本では、一般に一回払いでは利息・手数料は取られない。
[30] Automated Teller Machine：現金自動預払
[31] Cash Dispenser：現金自動支払機

いる。

　キャッシュレス決済に利用される代表的なツールであるICカード、モバイル端末についてもまとめておきたい。カード決済に利用されるカードは、プラスチックカードにICチップを内蔵したICカードを利用するのが一般的で、接触型と非接触型が存在する。

種類	特徴
接触型	接触端子を持つICモジュールをカードに埋め込んだもので、ICカードリーダー端末に差し込んで使用する。
非接触型	ICチップとシート状のアンテナをカードに埋め込んだもので、ICカードリーダー端末とは近距離無線で情報をやり取りする。無線の通信規格はNFC[32]が一般的であり、Bluetoothなども利用されている。

図表 2-2　ICカード　接触型と非接触型の特徴

　非接触型ICカードは、コンタクトレスカードと呼ばれ、VISAやMastercardなど国際ブランドはそれぞれにコンタクトレスカード決済サービスを提供している。少額決済であれば、PINコード[33]を打ち込むことなく、カードをICカードリーダー端末に触れるだけで決済が終了できるという手軽さが受け、欧州などで急速に普及が進み始めている。

ブランド名	サービス名
VISA	VISA payWave
Mastercard	MasterCardコンタクトレス
American Express	American Express Contactless
JCB	J/Speedy

図表 2-3　国際ブランドが提供するコンタクトレスカード決済サービス

32　Near field communication。
33　Personal Identification Number コード　ICカード用の暗証番号

コラム Near Field Communication 近距離無線通信技術

Near Field Communicationは、13.56MHzの周波数を利用する通信距離10cm程度の近距離無線通信技術で、ICカードを例にとると1枚のカードの中にICチップとアンテナが搭載されており、対応するリーダー／ライターにかざすと瞬時にデータの読み書きが行われる。

決済用のカード以外にも、乗車券やID、会員証などに利用が可能で、カード1枚にそれらの複数用途の機能を搭載し、使うことができる。

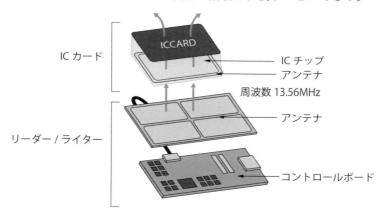

図表2-4　NFCのイメージ図
出典：ソニーのHPをもとに作成

NFC-A （ISO/IEC 14443/18092）	Card （ID-1）
NFC-B （ISO/IEC 14443）	Device （Mobile、PC、CE、Terminals）
NFC-B （ISO/IEC 18092）	NFC Tag （Type1、Type2、Type3、Type4）
互換性	端末自由度

図表2-5　NFCのコンセプト

また、カード以外にもスマートフォンやキーホルダー、トークン、腕時計など様々な機器に組み込めることも特徴である。
　NFCは、ISO／IEC 18092（NFCIP-1）という国際標準規格で定められた通信技術に由来し、非接触ICカードの国際標準規格ISO／IEC 14443に規定されるType-A，Type-BとJIS X 6319-4にもとづくFeliCaの3つの異なる非接触ICカードの技術がまとめられ、国際的な互換性を実現している。

　カードに代わって、個人の決済ツールの主役になりつつあるのが、スマートフォンやタブレットなどモバイル端末である。主な使われ方として、モバイル端末（スマートフォン・タブレット端末・小型カードリーダー）をPOS端末として利用するmPOS、クレジットカードやデビットカードの情報をモバイル端末に登録し、モバイル端末のNFC機能やQRコードなどを利用して決済を行うモバイルウォレット、共通のアプリを通じて個人同士で送金を行えるPeer to Peer（以下P2P）送金サービスなどがある。
　mPOSでは、ドングル型の小型カードリーダーをスマートフォンやタブレット端末に接続して使うタイプと、独立した小型のカードリーダーを利用するタ

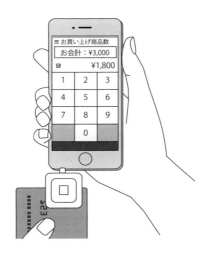

図表2-6　スマートフォン接続タイプのmPOS

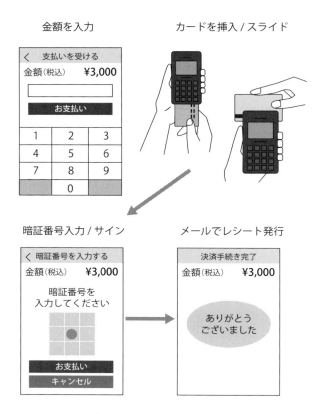

図表 2-7　mPOS の決済の流れ

イプが存在する。提供する企業は、カードリーダーと付随するシステムを一体的に提供するケースが多い。いずれもカード決済のシステムを安価に導入できるメリットを持つ。

　モバイルウォレットでは、スマートフォンやタブレット端末上のモバイルウォレットアプリに、クレジットカードやデビットカード、電子マネーの情報を登録し、店舗などでどの支払手段を使うか選択し、NFCやQRコードを通じて店舗の決済システムとやり取りを行う。また、モバイルウォレットの多くは、イーコマースの支払いでも利用することができる。

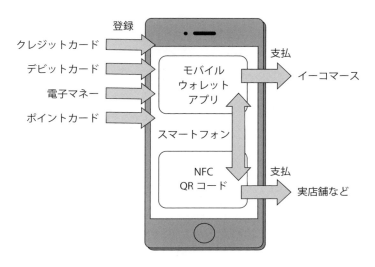

図表 2-8　モバイルウォレットの仕組み

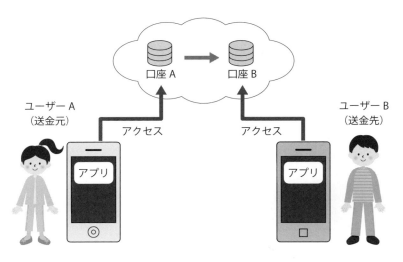

図表 2-9　P2P 送金サービス　資金の流れ

　P2P送金サービスでは、同じサービスに口座を持って利用する人同士が、スマートフォンのアプリを通じて、金銭をやり取りすることができる。個人間のお金の貸し借り、子供へのお小遣い、レストランでの割り勘といった場面で利用されるほか、最近では店舗への支払いにも使われるケースが出てきている。

2.1 キャッシュレス化のメリット・デメリット

　リテール決済のトレンドは、キャッシュレスに向かっている。なぜキャッシュレスが望ましいのか、現金を利用することのメリット・デメリットから見てみたい。現金決済のメリットとしては、一般に次のようなことが上げられる。

・法定通貨であり、利用を拒否されることがない。
・その場で決済が終了するため、決済完了までの速度が速く、決済が確実に完了できる。
・特別な技術を要するインフラが必要なく、幅広く用いられる。
・匿名で自由に使用が可能である。
・モノとしての実体があり、単純である。

　一方、現金決済のデメリットとしては、以下のようなことがある。
・犯罪への利用が容易である。特に、マネーロンダリング、密入国斡旋・移民労働者の搾取、テロ資金、貨幣の偽造、といった犯罪に利用される。
・収入の捕捉が難しく、脱税が容易になる。
・現金の製造（印刷・鋳造）および保管・流通には、コストがかかる。

　現金のコストについて、銀行では支店での現金取り扱い業務の負担やATMの設置・運用費、夜間のセーフティボックスの取り扱い費用などがある。
　小売店舗では現金の計算や預入に関わる費用が発生する。また現金の盗難も大きなリスクであり、盗難被害による直接的な金銭的コストに加えて、監視カメラ導入や警備会社との契約、現金の扱いを専門業者[34]にアウトソーシングするといった現金取り扱いのセキュリティ強化にかかる費用が負担となる。キャッシュレス化が進展し認知度が高まれば、小売店舗の現金を狙った犯罪が減り、現金盗難対策にかかる費用は大幅に削減できることになる。
　この点について、DANISH PAYMENTS COUNCIL（デンマーク決済評議

34　Cash in transit（CIT）企業など

会）による小売店へのインタビュー調査[35]では、現金決済に比べ、カード決済は費用が安く、盗難などのリスクが少ないとの見方が示されている。同調査では、小売店の主要目標は売上高の最大化であり顧客が求める決済手段には現金を含めて対応するが、決済における現金の受け取り義務[36]はない方が好ましく、深夜営業のレストランなど特定の場所や特定の時間においては現金の取り扱いをなくすことで盗難等のリスクを減らすことが可能になるという回答があった。また消費者に対して行ったアンケートでは、消費者は電子的な決済手段、オンラインショッピングの普及、公共セクターでの電子化に満足しているとの回答が得られている。

その他に、小売業を営む企業にとってキャッシュレス決済が進むことは、POSデータと合わせて顧客属性などのデータを大量に入手できる重要な情報源が増えることになる。

政府や監督機関は、キャッシュレス化によって、お金の流れが把握しやすくなり、特に課税漏れを少なくできると期待しているほか、マネーロンダリング、紙幣の偽造といった犯罪の把握、防止などに効果を見込んでいる。

2.2　米国：小切手からカード、そしてモバイルへ

米国におけるリテール決済手段を見ると、過去には現金や小切手が主に使われていたが、現在ではデビットカードやクレジットカードなどカード決済が主体になっている。

米国全体の非現金決済件数の推移をみると、2000年時点では小切手の利用が圧倒的に多かったが、2015年では小切手が大幅に減少し、特にデビットカードの利用が急速に増えている（図表2-10）。消費者の非現金決済件数に限ってみても、デビットカードが574億回、クレジットカードが269億回、小切手が107億回とカード決済が圧倒的に多い。各家庭における月間平均決済回数を見ると、

35　DANISH PAYMENTS COUNCIL「REPORT ON THE ROLE OF CASH IN SOCIETY」
36　デンマークでは決済の対価として現金を提供された場合、法律上、受け取りを拒否することができない。

デビットカードが45回、クレジットカードが19回、小切手が7回となり、2000年から見てデビットカードは大幅に増加し、小切手が大きく減少している[37]。

　個人消費に占める現金を含めた決済手段別の構成比（金額ベース）を**図表2-11**に表しているが、カード決済の比率が全体の半分以上を占めていることがわかる。クレジットカードはデビットカードと比べて高額な商品・サービスに利用されることが多いため、金額ではクレジットカードの比率が多くなっている。

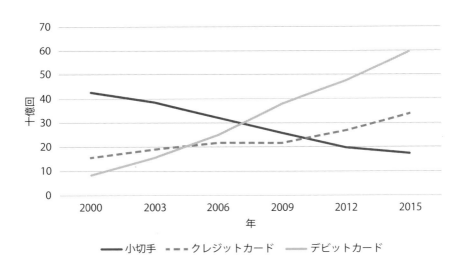

図表 2-10　米国における非現金決済手段別回数の推移 [38]

決済手段	比率	決済手段	比率
クレジットカード	30.7%	振込・口座振替	14.5%
デビットカード	25.3%	小切手	9.5%
現金	15.8%	プリペイド・その他	4.1%

図表 2-11　米国　個人消費に占める決済手段別構成比（金額/2015年）[39]

37　FRB「Recent Developments in Consumer and Business Payment Choices - June 2017」
38　FRB「The Federal Reserve Payments Study 2016」
39　クレディセゾン　2016年度 決算説明会資料

モバイル決済：mPOS、モバイルワレット、個人間（P2P）送金

　米国では小切手からカード決済への移行が進んでいるが、クレジットカードが導入されたのは1960年代、デビットカードは1980年代と必ずしも新しいものではなく、フィンテックではやはりモバイル端末を利用した決済に注目が当たる。既に説明したmPOS、モバイルウォレット、P2P送金のサービスの導入状況を見てみたい。

　mPOSの提供を行っているフィンテック企業にはSquareがある。同社はTwitterの共同創業者でもあるJack Dorsey氏が2009年に設立した企業であり、スマートフォンやタブレット端末に小型のカードリーダーを挿し込むことで、小規模店舗でも安価で手軽にクレジットカード決済を可能にするサービスを提供している。現在ではドングルタイプの磁気カードリーダーに加え、カードリーダーや電源などが内蔵されたPOSスタンドといったハードウェアや、クレジット決済サービス、オンライン請求書発想サービス、従業員管理ツール、ギフトカード発行＆管理サービス、など様々なサービスを提供する。また、販売履歴データを元に様々な分析を行って顧客にフィードバックすること

図表 2-12　屋外ジューススタンドでのSquareのレジ（筆者撮影）

も行っている。代表的なクレジット決済サービスでは、初期費用を取らず決済手数料2.75％を徴収するビジネスモデルを取っている。

　Jack Dorsey氏は事業を開始したきっかけについて、共同創業者が自らの商売でクレジットカードの受入れが認可されなかったことをあげ、手元にあるiPhoneでクレジットカード処理ができる仕組みのプロトタイプを1ヵ月で作りあげたという。その後、付近の小規模店舗や個人事業主と会話をする中で、銀行からクレジットカードの受入れを断られる人が多いことを知り、大きな事業機会があると認識したと述べていた[40]。このようにカード社会の米国でも、小規模な店舗ではカード決済インフラの普及が遅れている部分があり、それを埋めるフィンテックサービスが活躍しているのである。

　その他のmPOSを見ると、QuickBooks GoPaymentやClover GOなどがあり、それぞれが従来のPOSシステムに比べて手軽・安価を売りにしたシステムを提供している。これ以外にもPayPalのPalPal Here、AmazonのAmazon Register、といったmPOSサービスの提供も開始されたが、競争激化なども影響し、早々にサービス停止となっている。基本的なサービスはどれも似通ったものになりやすく、差別化が難しいことも影響しているだろう。

　モバイルウォレットも多く誕生している。スマートフォンのOS／ハードウェアを提供するAppleやGoogleなどが提供するもの、クレジットカード会社や銀行などが提供するもの、サードパーティが提供するものなどサービス提供者は多様である。

　FRBの統計を見ると[41]、モバイルウォレットでの決済件数は、2012年の3億回から、2015年には13億回に増加し、足元ではさらに拡大をしているとみられる。ただデビットカード、クレジットカード、小切手の決済件数と比べるとまだまだ少なく、米国におけるモバイル決済の本格的な普及はまだこれからといった状況だ。

　現地ヒアリングでは、タクシーや小売店などで読取機の導入が進んでいて

40　2017年6月　Money20/20 EUROPEでの講演内容
41　FRB「Recent Developments in Consumer and Business Payment Choices - June 2017」

ちょっとした買物に便利という意見もあったが、やはりカードでの決済に慣れており、いちいちスマートフォンを操作するのが面倒くさい、という声が多く聞かれた。

　先行きを考えると、小売店舗における日常の決済では、デビットカードやクレジットカードなど普通のプラスチックカードの方が使いやすいという状況はしばらく変わらないと考えられる。各小売店などが提供するポイントカード（ロイヤリティプログラム）など、日常的は使わないがたまに使う、全てを持ち運ぶのは面倒くさい、といったカードをどれくらい集約し、また共通化できるかなどが利用拡大の鍵になるのではないだろうか。

　代表的なモバイルウォレットの動向について見ておきたい。Googleは、Android Payのサービス提供を、2015年9月から米国で開始し、その後、日本、英国、オーストラリア、カナダ、シンガポール、ロシアなど先進国を中心に対応が進んでいる。Android端末のNFC機能を使って決済を行い、支払いはクレジットカードやデビットカードを使って口座決済となる。店舗決済以外にオンラインの支払いを行うことも可能になっている。利用可能な店舗は、マクドナルドやBest Buy、Barneys New Yorkなど多数のチェーン店が対応している。

　Appleは2014年10月からApple Payを提供している。Android Payと同様にiPhoneの NFC機能を使って決済を行う。支払時にiPhone6以上に搭載された指紋認証や、iPhoneXでは顔認証によってセキュリティを確保することも特徴の一つである。支払に使うクレジットカード情報はPassbookアプリに保存され、相手先にクレジットカード情報が伝わらないため、セキュリティが確保できる。

　Walmartが提供するWalmart Payでは、スマートフォンにクレジットカードやデビットカード、ギフトカードなどを登録し、支払時にアプリを立上げて、レジ側が表示するQRコードをカメラで読み込むことで決済を行う。さらに購入金額と近隣の競合店の広告価格を比較し、競合店の価格が安かった場合に、eギフトカードとしてキャッシュバックを受けられるSaving Catcherといった機能も備わっている。

　決済サービスのパイオニアは1998年創業のPayPalである。ユーザーはPayPalアカウントにクレジットカードやデビットカードの情報を登録しておけ

ば、PayPal対応のイーコマースサイトにおいて、改めてカード情報を入力する必要がなく、セキュリティ面でもメリットが生じる。オンラインでの支払いに加えて、店舗でスマートフォン内蔵のNFCを使った決済にも対応している。

図表2-13では、それ以外のモバイルウォレットも含めてまとめているが、最近になって多くのサービスが導入されていることがわかる。消費者にとって、こうした多くのモバイルウォレットについてそれぞれの特徴を把握し選択して使うことはなかなか大変なことだと考えられ、利用にあたっての大きなハードルになっているだろう。

当面の各モバイルウォレットの利用者獲得競争をへて、ある程度デファクトのサービスが見えてきた段階が、米国の本格的なモバイルウォレット普及時期になると考えられる。

モバイル分野では、P2P送金サービスも注目分野である。もともと個人間の

サービス名	提供企業	開始時期
OS/ハードウェア系		
Apple Pay	Apple	2014年10月
Android Pay	Google	2015年9月
Samsung Pay	Samsung	2015年9月
クレジットカード系		
Visa Checkout	VISA	2014年7月
MasterPass	Mastercard	2013年5月
Amex Express	American Express	2015年7月
サードパーティ系		
PayPal	PayPal	―
Level Up	Level Up	2011年10月
銀行系		
Capital One Wallet	Capital One	2015年10月
Chase Pay	JPMorgan Chase	2016年11月
小売系		
Walmart Pay	Walmart	2015年12月
Pay With Amazon	Amazon	2013年10月

図表2-13　代表的なモバイルウォレット[42]

42　各種資料を元に筆者作成。

送金ではPaypalが強かったが、足元では様々な企業がスマートフォンのアプリを使ったP2P送金サービスを提供している。

　代表的な企業にVenmoがある。同社のサービスは、一対一の送金や集金に加えて、複数の人に同時に支払いを要求する機能や、友人に支払い情報の公開やコメントを送付できるソーシャルストリームという機能も持つ。口座は銀行口座やデビットカードと紐づき、資金移動も自由に行える。取扱金額は、2017年7-9月期に前年比＋93％の94億ドルに至っている[43]。

　mPOSでリードするSquareは、Squere Cashというサービスを2013年から提供している。同サービスではアプリ上もしくはメール、iPhoneのiMessageを利用し、送金・集金を行うことが可能である。

　これらサービスの対抗馬として注目を集めているのが、JPMorgan Chase、Bank of America、Wells Fargoなどの大手銀行が参画するZelleである。Zelleは、銀行のアプリもしくはZelle独自のアプリで送金相手のメールか携帯電話番号を選択し金額を指示すると、数分で送金が完了する。米国を代表する銀行の口座を持つ顧客が対象と利用範囲が広く、また大手銀行が提供することで信頼度も強い、といった強みをアピールしている。もともとclearXchangeとしてサービスを展開していたが、2017年6月にZelleとしてサービスを開始し、2017年7-9月には累計で6,000万件超、175億ドルの送金が行われた[44]。

　モバイルウォレットがカード決済の代替だとすれば、P2P送金は銀行送金の代替と言う事ができる。前述のようにモバイルウォレットがカード決済よりも圧倒的に優れているとは言えない状況にあるのに対し、P2P送金は利用者が同じサービス上で口座を持つ必要はあるものの、送金にかかるコストや時間は銀行送金に比べてかなり優位性を持つ。

　今後の利用拡大に向けては、個人同士の金銭のやり取りに加えて、店舗や企業をどの程度巻き込めるかが焦点だろう。特に企業間の少額の送金等であれば、運営会社の倒産といったリスクを考慮しても、個人同様にメリットを出しやすいと考えられる。

43　Paypal IR資料。Venmoは現在Paypalのグループ企業である。
44　Zelle社プレスリリース

2.3 シェアリングエコノミーと決済

　今、世界中で大変に注目を集めているサービスに、シェアリングエコノミーがある。これは空き家や自動車、料理やDIYの代行まで、個人や企業が保有している遊休資産の貸出を仲介するサービスを指し、インターネット、スマートフォンを活用することも特徴となっている。

　シェアリングエコノミーサービスにおいて、決済はサービスの価値を構成する大変に重要な要素である。知らない個人の間でサービスが提供されるため、サービスの対価がきちんと支払われることを担保することが、サービスの提供者が安心して参加することにつながっている。

　シェアリングエコノミーサービスの代表的な事例として、Uberがある。同社サービスではスマートフォンとGPSを活用し、顧客と運転手をマッチングさせる。タクシーと異なり、運転手は個人で開業することが多く、利用する車も一般に自家用車が利用される。Uberのサービスはスマートフォンアプリを軸に構成され、事前に登録をした運転手は、都合のいい時間だけアプリを立ち上げてサービスを提供でき、運転手用のアプリは、配車リクエストの受け取り、道順の表示・案内、売上管理、顧客評価などの機能を備えている。

　顧客は、アプリ上で目的地の入力、配車リクエストができ、事前に予定の道順や見積もり料金、ドライバー情報なども伝えられるため、乗車してから運転手とコミュニケーションをとる必要がない。

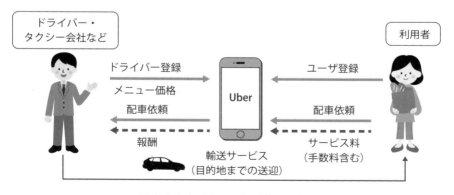

図表 2-14　Uber サービスの流れ

決済に関しては、あらかじめ登録されたクレジットカードやデビットカードで行われ、乗降車の時に支払いをすることはない。運転手のアプリと顧客のアプリを連動して管理し、事前にある程度の予算を提示することで、タクシーのようにメーターを利用せずに法外な料金を取る、領収書を出さないなどの問題は発生しない。また欧米では一般的なタクシーへのチップの支払いも不要となる。Uberは2010年のサービス開始から、現在では世界632都市でサービスを展開し、累積の乗車回数は2017年5月には50億回を記録するなど爆発的な普及を見せている[45]。その成長には、スムーズな決済の仕組みの導入も貢献している。

　もう一つの代表的な事例であるAirbnbは、ホストが持つ住居・空き部屋を、宿泊施設として提供するサービスで、インターネット・スマートフォン上で利用者とのマッチングが行われる。2008年8月の創業から、現在では191カ国の65,000以上の都市でサービスが展開され、累計宿泊者数は20億人超、宿泊施設としての登録も300万カ所超に至っている[46]。

図表2-15　米国でのUberの利用シーン（筆者撮影）

45　Uber社プレスリリース
46　Airbnb社会社情報

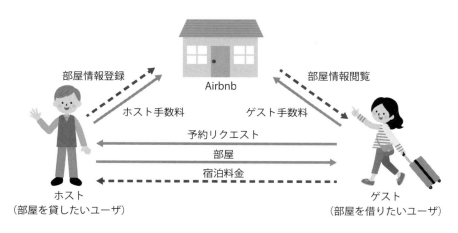

図表 2-16　Airbnb サービスの流れ

　決済について、利用者は予約時にAirbnbに料金を支払い、ホストにはチェックインの24時間後に料金が振り込まれる仕組みになっている。同社プラットフォームを通じて決済を行うことで、キャンセルや返金、提供される部屋に損害があった場合のホストへの保証などに対応し、さらには利用者およびホストの個人情報の保護も担保される。支払方法は、主要な国際ブランドのクレジットカード・デビットカードに加え、PayPal、Alipay（中国）、Postepay（イタリア）、Sofort Überweisun（ドイツ）、iDEAL（オランダ）、PayU（インド）、Google Wallet（米国）、Apple Payといった、多くのキャッシュレス決済手段に対応する。

　シェアリングエコノミーは米国発のサービスに留まらず、世界中に広がっている。特に活況となっているのが中国であり、中国版Uberの滴滴出行や中国版Airbnbの住百家や途家網のように、海外発のサービスを上手く自国用にアレンジしてサービスを拡大している。また、自転車のライドシェアサービスは大変に活況であり、道中に自転車があふれるなど社会問題まで引き起こしている。

　シェアリングエコノミーの多くは、当事者間での金銭のやり取りをなくし、確認せずとも対価がきちんと支払われる仕組みをつくっている。そのことによ

社名	主なサービス内容
滴滴出行	配車サービス
Mobike	自転車シェア
ofo	自転車シェア
住百家	民泊サービス
途家網	民泊サービス

図表2-17　中国における代表的なシェアリングエコノミーサービス

図表2-18　北京市内の歩道におかれるライドシェア自転車（筆者撮影）

り、提供者はサービスの提供に集中でき、利用者と提供者の両方から信頼を獲得しやすくなる。決済手段はカード決済など一般的な手段であるが、キャッシュレスが前提である。シェアリングエコノミーの発展は、キャッシュレス決済の普及に密接につながっている。

2.4 音声へ移るイーコマース市場と決済

　イーコマースはPC上からモバイル経由へと移行しつつあるが、今後は音声での注文が大きく伸びてくると考えられる。最初のトリガーは、人間の話を理解し、対話で操作ができるAIスピーカーの普及である。日本でも2017年秋から一気に販売が開始されたが、米国ではAmazonが2015年にAmazon Echoの販売を開始し、さらに2016年にはGoogleがGoogle Homeを発売するなど、先んじて普及が進んでいる。日本でもAmazonとGoogleの製品に加えてLINEがClovaの販売を開始し、今後もAppleがHome Podの販売を予定するなど、様々なプレーヤーによる新製品の投入が進む。出荷台数も、Amazon Echoは累計で1,000万台を超えたと見られている。

　AIスピーカーは音声を判別できる独自の人工知能を搭載しており、Amazon EchoはAlexa、Google HomeではGoogle AssistantというAIが搭載されている。Alexaには、その上で動くSkill（スキル）と呼ばれるスマートフォンのアプリに相当するソフトウェアがあり、様々な企業や人々がこのスキルを開発している。Amazonのウェブページを見ると既に2万近いスキルが利用可能となっており、ジャンル別では、ニュースや教育系、ゲーム&トリビアといった内容が多くなっている。さらにショッピングやフード&ドリンクといった注文を音声で行うスキルもあり、例えばドミノピザのスキルではピザの宅配を注文することが可能である。

　Amazon Echoから、音声によってアマゾンドットコム上の商品を注文する事もでき、過去に購入したことのある商品やAmazonのおすすめ製品などが選択できる。

　Google Homeでも2017年初めにイーコマース機能が追加された。スマートフォンやタブレット端末にダウンロードしたGoogle Homeのアプリから、設定画面でクレジットカード情報と配送先を入力すると、COSTCOなど50社以上のパートナー企業から商品を購入する事が可能になる。特にWalmartと提携を結び、2017年10月からは、Google HomeでWalmartに商品を注文するとGoogle Express（Googleが提供する即日配達サービス）経由で商品が届くサービスも開始された。

このように音声によってイーコマースや様々な商活動が行われるようになると、課題となるのは決済の在り方である。Amazon Echoを使った商品の注文では、実際にトラブルも起こっている。米国ダラスで6歳の少女がAmazon Echoに、「ドールハウス（人形の家）とクッキーを買って」とお願いしたところ、Amazonからドールハウスと2キログラムのクッキーが送付された。この微笑ましい事件はテレビのニュースで放映されることとなり、男性アナウンサーが「アレクサ、私にドールハウスを注文して（Alexa order me a dollhouse）」と言ったところ、テレビをつけていた視聴者が所有するAmazon Echoがニュースの声を所有者の注文と勘違いして次々とドールハウスを注文し、Amazonに大量の注文が寄せられたという。

　こうした事故を防ぐための技術として、音声認証が注目される。人間の発声器官（喉、口等）の形は個人ごとに異なっており、そこから生成される音声も個人ごとに特徴を持つことから、話者の特徴を抽出して、あらかじめ登録されている音声データベースとマッチングし、話者を特定するという技術である。
　2017年になって、Amazon EchoやGoogle Homeでは、利用者があらかじめ音声を登録しておくことで、利用者を判別できるような技術を導入し始めている。
　日本国内ではNECなどが開発を進めており、例えばテレフォンバンキングなどで、音声認証によって電話先の相手が口座保有者であることを確認するといったサービスの導入を目指している。
　今後の課題としては、多くの人々がいる場所や屋外など雑音の多いところでの認証精度があげられる。実際に、AmazonのAlexaが2018年からBMW車に搭載される予定であるなど、屋外での音声認識利用はこれからますます増加することが予想される。それと共に、店舗でのショッピングや、カーシェアリング、有料施設の入退場など、音声による決済を導入する場面も増加すると考えられる。こうした決済を安心安全に行えるための技術開発は、今後の注目分野と言える。

2.5 中国：イーコマースの普及と第三者決済サービス

中国における現在の決済事情を見るときに欠かせないのが、イーコマースの普及と、料金支払い及び品物の引き渡しを担保する第三者決済サービスである。中国は国土が広く、沿岸部と内陸部で商業の発展に大きな格差が生じ、多くの地域で小売店など商業施設が不足していた。近年になってスマートフォンやインターネットが普及し、物流網の整備も進んだことで、こうした商業施設が不足する地域においてイーコマース市場が大きく伸長している。

イーコマースには、企業間取引、企業と個人の取引、個人間取引があり、調査会社iResearch社では、これらを合計した市場規模が2012年の8.1兆元から、2016年には20.5兆元と年率20％を超える成長率で拡大、さらに2019年には32.7兆元まで増加すると予測している[47]。

取引形態では、企業間取引が全体の7割強と大きいが、オンラインショッピングも高い成長率を達成している。中国のオンラインショッピング市場は、もともと個人間取引が中心であったが、最近では企業と個人の取引の比率が拡大している。インターネットの利用にスマートフォンが使われることが多くなる

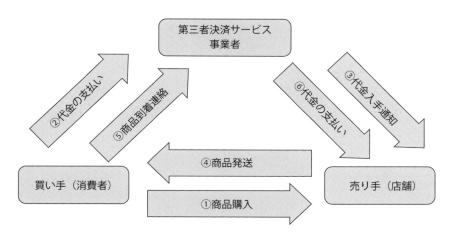

図表2-19　第三者決済サービスの仕組み

---

[47] iRsearch「2017 China's Internet Economy Report」

中で、モバイルショッピングへの移行も顕著である。実店舗が少なくPCも普及していない農村部での利用拡大など、モバイルショッピングの利用は今後も増加が続くとみられる。

中国のイーコマースで重要な役割を果たしているのが第三者決済サービスである。これは、一定の実績と信用を持つ第三者決済サービス事業者が、品物の引き渡しと代金の支払いを担保するサービスである。買い手は、あらかじめ銀行口座から第三者決済サービス事業者の口座にお金を入れておく、もしくはクレジットカードを登録して決済を行う事が一般的である。

中国のオンラインショッピング市場は個人間の比率が高く、またイーコマース事業者からの購入であっても中小の事業者が多く参入していることから、商品が送付されない、もしくは代金が支払われないといった問題が多く発生し、問題への対処に向けて第三者決済サービスが誕生した。また、既存の金融機関サービスの使い勝手が悪い、クレジットカードの普及率が低い、といった問題も第三者決済サービスの普及に影響を与えた。

イーコマースの普及を背景としてオンライン決済需要が高まり、商業銀行もネットバンキング機能を導入したが、大量の小口取引が中心で手間とコストがかかって利益が少ないということから、銀行による技術開発・サービス強化は進まなかった。そうした中で、インターネットと親和性の高い企業が、効率的な第三者決済サービスを開発・提供し、シェアを獲得してきた。

代表的な第三者決済サービスを見ると、イーコマース事業者で最大手の阿里巴巴（アリババ）が提供する支付宝（アリペイ）が特に大きな存在感を示している。次いでQQや微信（ウィーチャット）などSNSサービスの最大手の騰訊（テンセント）が提供する財付通（ウィーチャットペイ）、さらに銀聯が提供する銀聯商務、B2Bのオンライン決済を得意とする快銭（99bill）などがある。

百貨店から屋台まで、どこでも使えるQRコード決済

スマートフォンを中心としたモバイル端末が普及する中で、モバイル端末を利用した決済も浸透している。

実店舗でのモバイル決済について、米国では多くのプレーヤーがモバイルウォレットを提供していることは紹介したが、中国では、第三者決済サービス

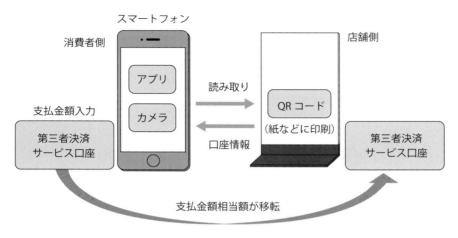

図表 2-20　QR コード決済の流れ

事業者がイーコマース用として提供した口座に入っている資金を店舗での支払いに使えるようにしていることが大きな特徴だ。サービスの提供者は、イーコマースの第三者決済サービスと同じく、アリババのアリペイ、テンセントのウィーチャットペイが圧倒的なシェアを握っている。

中国のモバイル決済の特徴はQRコードの活用で、アリペイ、ウィーチャットペイともにQRコードを活用している。日本では自分のスマートフォンに自分の口座のQRコードを表示し、店舗側に読み取ってもらう方法がイメージされるが、中国では店舗にあるQRコードを自分のスマートフォンのカメラで読み取り、店舗が持つ口座に自分の口座から振り替える方法が広く普及している。この場合、店舗ではNFCに必要なICカードリーダー端末のような特別なハードウェアが必要なくなる。

既に大型のショッピングセンター、スーパー、コンビニ、露店、三輪タクシー、病院など多様なシーンでQRコードによる決済が可能であり、現地では、財布を持たなくてもスマートフォンさえ持っていれば、生活ができるとの声が多く聴かれた。地下鉄など公的交通機関でも、鉄道部とアリペイがスマートフォンのNFC機能を利用した決済システムの導入を始めるなど、さらなる利用範囲の拡大も見込まれている。

実際に北京のレストランでは、**図表2-21**や**図表2-22**のようなQRコードが置いてあり、食事が終わると自らのスマートフォンでQRコードを読み取り、支払いを行い、店員が確認する、という決済が行われていた。
　同店には、アリペイとウィーチャットペイ用のQRコードが置いてあり、い

図表 2-21　アリペイ用の QR コード[48]

図表 2-22　ウィーチャットペイ用の QR コード[49]

48　北京の飲食店で筆者撮影
49　北京の飲食店で筆者撮影

図表 2-23　アリペイ / ウィーチャットペイに対応した自動販売機 [50]

ずれでも支払ができるようになっていた。アリペイとウィーチャットペイの両方を使えるようにしている店舗が多いようだ。

アリペイやウィーチャットペイで支払いが可能なジュースの自動販売機もあり、紙幣の差し込み口がQRコードの読み取り機と兼用になっている（**図表 2-23**）。

日本経済新聞[51]によると、富士電機の子会社で、中国の自動販売機市場において7割のシェアを握る大連富士冰山自動販売機社が出荷する自動販売機のほぼ全てがスマートフォン決済対応ということだ。スマートフォン決済が増えることで、紙幣が詰まるといった故障や現金が盗まれるリスクなどが減り、普及の追い風になっている。

50　北京空港で筆者撮影
51　日本経済新聞　2016年12月7日

QRコード決済は、完全無人のコンビニエンスストアをも生み出している。繽果盒子（ビンゴボックス）という全面ガラス張りの小さなコンビニエンスストアでは、出入口の鍵の部分に顧客がスマートフォンのQRコードをかざすことで、鍵が開いて中に入ることができる。会計はアリペイやウィーチャットなどQRコード決済のみに対応し、支払が済んでいない商品がある場合には、出入口の鍵が開かないため、商品の盗難ができないようになっている。

　小売店やレストラン以外にもQRコード決済の利用は広がっている。例えば、アリペイを活用したホテルの場合、信用度が高い人[52]はチェックイン時にQRコードを読み取るだけで、その他の手続きやデポジットの提供をする必要がない。信用度の低い人でも事前にアリペイで手続きを済ませておけば、QRコードを読み取るだけで鍵を受け取ることが可能になる。実際に導入したホテルでは、1人当たりのチェックインにかかる時間が2分から10秒と大幅に短縮できたという。さらに見込み客にターゲティングメールを送付することもできるなど、マーケティング手段にも利用されている。
　またアリペイの病院への導入では、予約・チェックイン・支払いを全てアリペイのアプリ上で行えるようにしたことで、導入した病院では、受付に並ぶ人の数を相当数減らすことに成功したという[53]。

　このように中国でQRコード決済が急速に広がった背景には、いくつかの要因が考えられる。まず、店舗での利用については、紙幣の偽造リスクが高い事や紙幣の最高額が100元と小さいなど、現金が持つ問題がある。さらに先述のとおり、イーコマースの普及で第三者決済サービスの口座を多くの人が保有し、新たに利用者を獲得する必要がなかったこともプラスに働いているだろう。店舗側から見ても、カード決済に必要なカードリーダーなどの設備投資がいらないため、導入へのハードルはかなり低くなっている。
　店舗以外での利用についても、先述のシェアリングエコノミーのように、様々なサービスを利用する導入口がスマートフォンになっており、支払もス

52　同社が提供する信用スコア：芝麻信用のスコアが高い人。芝麻信用については第五章で説明している。
53　2017年6月　Money20/20 EUROPEでの講演内容

マートフォンで行う方が楽だ、という状況になっている。

　中国人のスマートフォンを含むモバイル端末の利用時間を見ると東南アジア諸国と並んで国際的に高い水準にあり[54]、中国人のスマートフォン依存の高さもQRコード決済利用の大きな要因だろう。

　また、米国ではモバイルウォレットが乱立する様を述べたが、中国ではアリペイとウィーチャットペイの2強に集約されている。利用者も店舗もこの2つを利用すればいい、という状況が出来上がっていることが人々の利用を促していると言える。

　決済手段としての、スマートフォンの利用は今後もますます拡大することが予想される。現状、スマートフォン利用の中心的な年代は、40代以下の人々であり、50代以上の人々の多くはまだ現金を利用している。時間の流れと共に、上の世代の人々にもスマートフォンの利用が広がり、決済手段としての利用もさらに進むだろう。

　QRコード決済から離れるが、アリババはイーコマースのみならずリアルな店舗の運営にも進出しようとしている。北京で実験的にオープンしたスーパー「盒馬鮮生」では、無人レジが導入され、顧客が商品のバーコードをレジで読み取り、会計はスマートフォンの専用アプリをレジにかざすことで完了する。

　「盒馬鮮生」のユニークなところは、宅配サービスと連携しているところである。各商品の棚には、液晶で商品の概要や価格などが表示されているが、その横にあるバーコードをアプリから読み取ると、商品情報がアプリ上に表示される。アプリ上で当該商品を購入すると、店舗から3km以内の箇所であれば、無料で配送をしてくれるという。

　顧客は店舗でバーコードを読み込む、もしくは店舗に行かなくてもアプリ上から商品を選んで配送してもらうことも可能だ。もちろん、店舗の無人レジで決済を行い、自ら持って帰ることもできる。このように、リアルとバーチャルが一体となった新しい小売業の形ができ、その形成にキャッシュレス決済が大きな役割を果たしている。

54　Hootsuite　Digital in 2017 Global Overview

図表 2-24　スーパー「盒馬鮮生」の無人レジ（NEC 中国 萩原氏提供）

図表 2-25　液晶パネルで製品情報や価格を表示（NEC 中国 萩原氏提供）

図表 2-26　バーコードを読み込むと商品情報がアプリに表示される
　　　　　（NEC 中国　萩原氏提供）

2.6 欧州：カードファーストな北欧諸国

　欧州では、デンマーク、スウェーデン、ノルウェー、フィンランドの北欧諸国のキャッシュレス化が進んでいる。デンマークでは、小売店舗での現金利用が1990年代初頭の約60％から2015年には約20％まで低下し、一方でカード決済率が約80％まで上昇している[55]。実際、小規模店舗や地下鉄の自動券売機、シェア自転車などあらゆる場面でカード決済が普及している。筆者はコペンハーゲンに一週間滞在したが、一度も両替をせず、クレジットカード決済だけで過ごすことができた。図表2-27では、コペンハーゲンのカフェの写真を載せているが、見る限りPOSレジなどはなく、タブレット端末とICカードリーダーがあるだけであった（支払にはクレジットカードを利用した）。

---

[55]　DANMARKS NATIONALBANK「Danes are Front-Runners in Electronic Payments」

図表 2-27　コペンハーゲン　カフェのカード決済端末（筆者撮影）

　デンマークでは、VISAなど国際ブランドに加えて、Dankortという国内独自のカードブランドが普及し、2016年末の発行済枚数は541万枚[56]と全人口に匹敵する規模に至っている[57]。カード決済では、手数料など費用負担の問題から対応する店舗が増えないという課題があるが、Dankortでは加盟店から徴収する手数料を安くおさえ、対応店舗の増大を達成した。

　また、フィンランドも、2000年以前は現金の利用が圧倒的に多かったが、2000年代に入るとカード利用が大幅に増加した。現在では日用品の購入におけるカード決済の比率は80％に至り[58]、カード対応をしない小売店舗は商売が成り立たない。**図表2-28**は、トラム（路面電車）の自動券売機である。カード決済の操作をしやすいつくりになっていた。

56　DankortカードおよびVisa/Dankortカードの合計
57　DANMARKS NATIONALBANK 決済統計
58　Finland Bank 決済統計

第二章　キャッシュレス化が進む決済　カードからモバイル、その先へ　　55

図表 2-28　ヘルシンキ　トラムの自動券売機（筆者撮影）

　フィンランドにおいても、かつてはDankortと同様の国内規格のデビットカードが普及していたが、現在は国際ブランドの利用がほとんどである。一度、カード決済のインフラが広く構築され、人々の支払手段がカードに移行してしまうと、国内規格の導入で手数料を安くおさえるといった必要は少なくなるようだ。

　現金決済からカード決済への移行は、ATMによる現金引出回数からも見て取れる。市民が、市中で利用するための現金を入手する手段として、ATMからの現金引出は欧州でも一般的である。**図表2-29**では、欧州主要国におけるATMによる現金引出回数を表しているが、英国、ドイツなどは、あまり大きな変化が見られないのに対し、スウェーデン、フィンランドでは、明確に利用回数が減少していることがわかる。

モバイル対応はP2P送金が中心

　北欧におけるリテール決済は、カード決済が中心であるが、スマートフォンの活用も動き始めている。現在、普及が進んでいるのは、スマートフォンのア

年	英国	ドイツ	フランス	スペイン	スウェーデン	フィンランド
2001	2,175	1,648	1,165		335	250
2002	2,269	1,668	1,213	904	341	243
2003	2,376	2,036	1,245	929	328	232
2004	2,532	2,399	1,260	949	320	223
2005	2,703	2,445	1,489	965	316	211
2006	2,755	2,447	1,521	994	305	199
2007	2,837	1,985	1,601	1,020	333	193
2008	2,879	2,042	1,664	1,028	295	189
2009	2,919	2,086	1,689	998	268	183
2010	2,789	2,080	1,681	998	241	174
2011	2,875	2,139	1,714	979	225	167
2012	2,916	2,170	1,709	937	215	159
2013	2,900	2,159	1,696	910	218	152
2014	2,830	2,120	1,642	914	218	150
2015	2,797	2,266	1,747	928	166	141

図表2-29　欧州主要国でのATMによる現金引出回数（単位：百万回）[59]

プリを使って個人間で手軽に送金ができるP2P送金サービスで、デンマークのMobilePay、スウェーデンのSwish、ノルウェーのVipps、フィンランドのSiirtoと、各国それぞれに代表的なサービスが存在する。

　デンマークで最も使われているのはMobilePayであり、日常的に同サービスを利用するユーザー数は360万人超となる[60]。支払側がスマートフォン上のMobilePayアプリにPINコード・受入側の電話番号・支払う金額を入力して承認すると、登録してあるクレジットカードを経由する形で、送金が即時に行われる。同サービスは、デンマークの大手銀行であるDanske銀行がサービスを開始したが、Nordea銀行、Jyske銀行、BOKIS銀行など他の大手銀行もパートナーとなることで、デンマーク国内で利用が一気に増加した。

　スウェーデンのSwishは、2012年にサービスが開始されたP2P送金サービ

59　欧州中央銀行（ECB）統計
60　MobilePayホームページ

スで、携帯電話番号を使って相手の銀行口座に送金できる。ユーザー数は約600万人と全人口990万人の半数以上に至っている[61]。Swishの口座は、スウェーデンの金融機関が共通で利用する個人認証用ID：BankID[62]を、認証に利用している。アプリ上の操作による送金に加え、QRコード決済機能も導入されている。

ノルウェーのVippsは、ノルウェー最大の金融機関Den Norske Bankが中心となって運営する送金サービスで2015年にサービスを開始し、260万人以上のユーザー数となっている[63]。利用者は5,000クローネまで無料で送金が可能である。送金以外にも、請求書への支払いなどを行うことが可能である。フィンランドのSiirtoは、2017年3月にサービスを開始したところであり、本格的な普及はこれからとみられている。

図表2-30　MobilePayアプリ　送金画面（筆者撮影）

61　Swishホームページ
62　BankID制度は2003年にスタートし、現在750万人が同IDを取得している。オンラインバンキング等金融サービスの認証に加え、税申請など公共サービス、企業サービスの認証にも利用されている。
63　Vippsホームページ

いずれのサービスも、店舗での支払いへの対応が進められているが、利用実態はまだ限定的のようだ。カード対応があまりに普及しているため、米国と同じように人々が店舗でモバイル決済を行う動機が少ないのである。急速にモバイル決済に移行している中国とは異なっており、決済事情にも国・地域ごとの特色が表れている。

国を挙げたキャッシュレス決済推進への取組

　北欧諸国では、キャッシュレス化を促進するため、政策面で積極的な取り組みを行っている。

　キャッシュレス決済に欠かせないのが銀行口座であり、ルーマニアなど中東欧諸国では銀行口座を持たない人々の比率が30％を超える国もあるが、北欧諸国はほぼ100％の人々が銀行口座を保有する。フィンランドでは、国民からの銀行口座開設の申込みを銀行が受け入れる義務があり、幼い子供のうちから銀行口座を開設することが一般的である。

　一方、現金の流通を少なくさせる政策もとられている。デンマークでは、年金や税金還付など公共部門の金銭の支給を、現金でなく銀行口座に振り込ませるNemKontoという制度があり、フィンランドでも給与や年金などを銀行口座に振り込むことが企業や政府に義務付けられている。

　両国ともに国民ID番号が付与されており、収入、税、社会保障、銀行口座などが一つの番号でまとめられているため、例えばウェブ上で銀行口座から税の支払いをすることなどもスムーズに行える。

　オンラインショッピングの普及や金融サービスのオンライン化も、キャッシュレス化に影響を与えている。北欧4カ国のオンラインショッピングの経験率はいずれもEU28カ国平均を上回っている。オンラインバンキングの利用率を見ても、ノルウェー、デンマーク、フィンランド、オランダ、スウェーデンは80％を超えており[64]、キャッシュレス決済の普及と連動して高い水準にある。北欧の人々は現金を使わない資金の移動に慣れている。

　キャッシュレス決済の普及に合わせて、銀行の現金を扱う機能も縮小してい

---

[64] フィンランド銀行資料

る。デンマークでは、過去10年の間に銀行の数が合併などで半分になり、それに合わせて支店の数もほぼ半減した[65]。

さらに2002年にはデンマークで初めて現金を取り扱わない銀行支店が登場した。現在、Danske銀行ではデンマーク国内にある120支店のうち、現金の引出しや預入ができる支店は54行に留まり、Nordea銀行でもデンマーク国内にある128支店のうち、42支店のみが現金の取り扱いを行っている[66]。ATMの設置台数も、2007年をピークに減少傾向にある。

フィンランドでも、2000年に4,552台あったATMが2015年には2,040台となり[67]、デンマーク以上に減少が進んでいる。

現地では、こうした支店・ATMの削減によってコストが着実に減少しているという声が聞かれ、銀行にとって現金取引インフラの縮小によるコスト削減効果が、キャッシュレス化推進の大きな原動力となっている。

2.7 日本：キャッシュレス社会の構築を目指して

日本は先進国の中でも現金の利用率が高い国として知られている。個人消費に占める現金の利用は半分近くにおよび、これまで見てきた米国や北欧諸国との違いは大変に大きい。

決済手段	構成比	決済手段	構成比
現金	49.5%	ペイジー[68]	5.2%
振込・口座振替	19.9%	コンビニ収納	3.5%
クレジットカード	16.0%	デビットカード	0.2%
プリペイド・電子マネー	5.6%		

図表2-31　日本　個人消費に占める決済手段別構成比（金額/2015年度）[69]

---

65 DANISH PAYMENTS COUNCIL「REPORT ON THE ROLE OF CASH IN SOCIETY」
66 DANISH PAYMENTS COUNCIL「REPORT ON THE ROLE OF CASH IN SOCIETY」Danske銀行は2016年6月、Nordea銀行は2016年4月時点。
67 欧州中央銀行（ECB）統計
68 税金や公共料金、各種料金の支払いを、パソコンやスマートフォン・携帯電話、ATMから支払うことができるサービス
69 クレディセゾン　2016年度 決算説明会資料

日本でカード決済の比率が少ない要因の一つに、カード決済に対応していない店舗の存在がある。経済産業省の資料[70]で主なサービス業におけるカード決済が可能な割合を見ると、スーパーが71％、フランチャイズ店が63％、タクシーが51％、旅館が90％となっている。中小の商店や飲食店などのデータはないが、さらに低い水準にあると推察される。

　中小の店舗がカード決済を導入する際に、カードリーダーなどの初期投資と決済ごとに発生する手数料負担が大きなボトルネックだと言われるが、こうした状況を逆にビジネスチャンスととらえ、参入するスタートアップ企業もある。コイニー、ロイヤルゲート、リンク・プロセッシングといった企業は、簡易的なカードリーダーを提供することで店舗の初期投資を減らし、カード決済の導入を行いやすくしている。

　日本は世界の中でも電子マネーの利用では先進的であり、各国の電子マネーの利用額を比較すると、日本が突出して大きくなっている。日本の電子マネーは提供する企業の業種で交通系、流通系、独自ベンダーなどに分かれる。交通

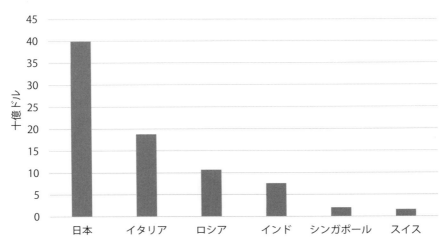

図表2-32　2015年における各国の電子マネー利用額[71]

70　経済産業省「キャッシュレスの推進とポイントサービスの動向」
71　日本銀行「モバイル決済の現状と課題」

系ではJR東日本のスイカやJR西日本のイコカ、私鉄・地下鉄系のパスモが代表的で、鉄道の乗車券・定期券と一体であることが大きな特徴である。流通系では、セブン＆アイグループのナナコやイオングループのワオンなどがあり、顧客囲い込みの要素が強く出ている。独立系では、楽天エディなどがある。

日本における電子マネー向けICカードの発行枚数は3億5,000万枚[72]を超え、個別の電子マネーを見ても交通系ではスイカが6,670万枚（2017年9月）、流通系ではワオンが6,450万枚（2017年4月）、ナナコが5,350万枚（2017年2月）と、スイカ・ワオン・ナナコでは国民の2人に1人が持っている状況だ[73]。

こうした電子マネーの使える場所は、スーパーやコンビニエンスストア、タクシー、自動販売機など様々に広がっているが、ICカードを利用しておりICカードリーダーが必要なため、普及の課題はクレジットカードと同様に初期コストと手数料となる。

電子マネーではないがロイヤリティポイントも貨幣的な役割を果たしており、日本ではTポイント、ポンタ、楽天ポイント、dポイントが代表的なプログラムになっている。Tポイントカードはカルチャーコンビニエンスクラブが運営し、発行枚数は6,373万枚（2017年7月）である[74]。ポンタカードは三菱系のロイヤリティマーケティングが運営し、カード発行枚数は国内で8,330万枚、海外では共通ポイント事業パートナーとの協業も含めインドネシア・台湾・韓国・マレーシアの4カ国で展開し、5か国合計で1億5,000万人の会員数となる。（2017年9月）[75]。

dポイントでは、スマートフォンに表示したバーコードやQRコードをPOSレジや決済端末で読み取ることで、買い物が出来る「d払い」というサービスもスタートする予定になっている[76]。

このように金融機関以外の事業者が、様々なサービスを独自に展開している

72　日本銀行　決済動向2017年10月
73　各社IR資料、プレスリリース
74　カルチャーコンビニエンスクラブ プレスリリース
75　ロイヤリティマーケティング プレスリリース
76　アリペイやウィーチャットペイのQRコード決済と異なり、小売店舗側で読み取り機能を持ったハードウェアが必要となる。

のが日本の状況であるが、金融機関も少しずつ動き出している。

　三菱UFJフィナンシャルグループは、ブロックチェーンを使ったMUFGコインを開発した。銀行口座のお金を1円＝1コインで両替し、スマートフォンのアプリでの支払いや口座間送金、まとめ払いを清算する「割り勘」の仕組みなどがあり、現在は同グループ社員1,500名が参加する実証実験が行われている。

　みずほ銀行、ゆうちょ銀行と複数の地域銀行は、共同でJコイン（J-Coin）を開発し、2020年までの利用開始を目指している。

　銀行の預金口座と接続し、店舗での支払いや個人間送金などが中心的な機能となるため、米国や北欧で普及が進むP2P送金サービスとよく似たサービスと言えるだろう。Jコインは仮想通貨であるが、常に円と等価であることや、あらかじめJコイン口座に銀行口座から資金を振り込む必要があることを考えると、実質的には電子マネーと言える。

　Jコイン導入の大きな狙いは、買い物や送金履歴などのデータであり、匿名化した上で他の銀行や企業と共有し、マーケティングに活かすことを考えているという。大手インターネット企業などに、データが集約してしまっている現状を打破したいという思いもあるようだ。

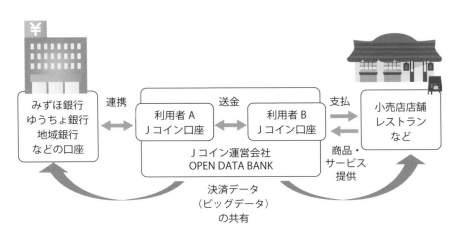

図表2-33　Jコインの仕組み
注：FINSUMでの発表資料、各種報道をもとに作成

決済インフラとしては、なるべく多くの人々が共通の仕組みを利用することが望ましいが、日本の電子マネーは、交通系や流通系、独立系など様々な主体が独自の規格を立ち上げている。銀行発の仕組みでも、既にMUFGコインとJコインのように別々のサービスが立ち上がろうとしている。

　このように様々な規格が乱立することは、消費者がどの電子マネー・決済手段を使うかについて迷わせる結果につながっている。特に電子マネーは基本的にプリペイドであるため、利用する前に一定額を支払う必要がある。顧客を自社グループに囲い込む手段としては有効かもしれないが、消費者にとっては互換性もなく、不便さを感じさせている。

　小売店にとっては、複数の規格に対応するためのインフラ整備が大きな負担になる。複数の規格に対応したPOSレジなどもあるが、大手のコンビニエンスストアやスーパーなどでは入れられても、資本力の弱いところでは、厳しいだろう。これまで見てきたように、中国ではQRコード決済により店舗側のインフラ整備負担も少なく、アリペイとウィーチャットペイという圧倒的に強い2強がいることから、利用者は決済手段の選択を迷うことがない。またデンマークのDankortのように、複数の銀行が協力して、決済インフラの導入・運営を安くする仕組みを導入する国もある。

　日本でも、異なる規格の並立を防ぐためにメガバンク3行は協議会を設置し、互換性の持たせ方や統一に向けた技術的な課題の洗い出しを行っていく方針との報道もある[77]。ただ、日本のキャッシュレス化に向けては、銀行に留まらず、既存の電子マネーの提供企業も含めて幅広い協力関係を構築し、消費者や店舗が使いやすい仕組みを安価に導入・運営できることを模索すべきだろう。

77　日本経済新聞　2017年10月28日

第三章
クラウド時代の資金調達：オンラインレンディングとクラウドファンディング

　インターネットを活用した新しい資金提供サービスは、フィンテックサービスの中でも決済と並ぶ重要なポジションを占めている。主要なモデルには、資金の借り手と貸し手をインターネットで結びつけ融資を成立させるオンラインレンディング、インターネット上で資金を提供し財やサービス、株式などを受け取るクラウドファンディングがある。

　オンラインレンディングは、フィンテック企業が自ら資金を調達して顧客企業に融資を行う直接融資型と、自らの資金は用いず、融資の仲介に徹するプ

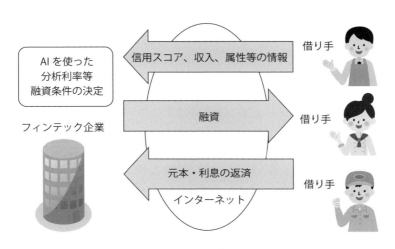

図表 3-1　直接融資型の仕組み

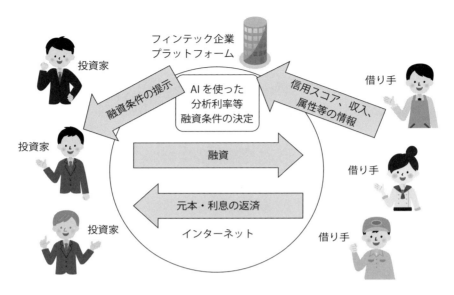

図表 3-2　プラットフォーム型の仕組み

ラットフォーム型に分類することができる[78]。

　直接融資型・プラットフォーム型のいずれの企業群も、インターネットを活用し、店舗などの物理的なインフラを少なくすることで、コスト削減を可能にし、またネットワーク上で情報をすぐにやり取りできるなど効率的な事業運営につながっている。その結果、借り手と貸し手の間のマージンを下げることが可能になり、両者にとって魅力的な利率が提示できるほか、金融環境の変化に合わせて既存金融機関よりも金利変動を柔軟に行えるといった強みも持つ。さらに、インターネットなどテクノロジーの活用により、既存金融機関よりも幅広い顧客層にアクセスすることができるのである。

　既存金融機関が提供してきた融資では、各金融機関が定めた与信判断基準に合わせて利用者の評価をし、融資の可否や貸出利率を決定していた。これに対し、フィンテック企業が提供するオンラインレンディングでは、借り手が申込み時に提供する氏名、住所、生年月日、就職状況、収入、企業であれば決算情

78　プラットフォーム型は、マーケットプレースレンディング、P2P レンディングとも言われる

報などに加えて、ソーシャルネットワークサービスやイーコマースでの取引履歴といった情報を収集し、与信判断に活用している。こうした情報データを、人手ではなくアルゴリズムによって分析・審査することによって、融資の決定が従来よりも早く・安くできるようになるのである。

クラウドファンディングは、群衆（Crowd/クラウド）と資金調達（Funding/ファンディング）という言葉を組み合わせた造語で、お金を必要としている人々や企業と出資者を、インターネットを通じてつなぎ合わせるサービスである。

出資者の投資に対する対価は、大きく分けて①投資先の株式、②投資先が提供する財・サービスの購入、③寄付、であり、貸した資金が利息と共に帰ってくるオンラインレンディングとの違いになっている。

株式型では、資金の受手が自社の株式を出資の見返りとして提供する。

購入型は、一般の予約販売と同じような側面があるが、資金調達が成功し、商品製造・サービス提供が可能になった時点で、当該商品やサービス投資家に

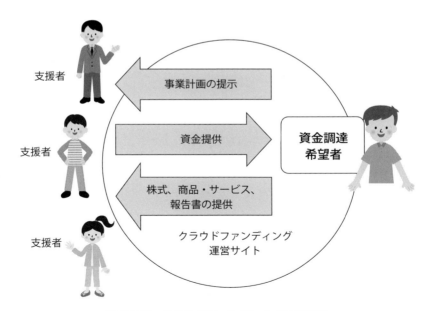

図表 3-3　クラウドファンディングの仕組み

分類	特徴
株式型	・金銭的リターン ・投資先企業の株式を入手できる。
購入型	・金銭以外のリターン ・プロジェクト達成時には、金額に応じた商品・サービスが届けられる。
寄付型	・リターンは一切なし ・プロジェクト達成時には、報告書など無償の対価が得られる。

図表 3-4　クラウドファンディングの分類と特徴

見返りとして提供する。提供される商品・サービスは、一般の消費財・耐久消費財に加え、映画・音楽・漫画など様々である。

　寄付型は、資金の受け手が社会的な意義の大きいプロジェクトを提案し、それに賛同する投資家がリターンなしで資金を寄付する。一般的な寄付行為と比べて、プロジェクトの透明性が向上し、資金提供者も受け手も、他プロジェクトとの比較など情報量が多くなるメリットがある。

3.1　米国：オンラインレンディングはスピードと利率が勝負の決め手

　従来、米国における個人や中小企業向けの融資は、商業銀行による融資やクレジットカードによる貸出で、一般的な消費に加えて、住宅や自動車の購入、教育費など幅広い用途で利用されてきた。

　しかし、金融危機をきっかけに既存金融機関による融資姿勢は厳しくなり、比較的信用度の高い個人であっても、銀行からの融資を受けることが難しくなった。その隙を突く形で、普及し始めたのがオンラインレンディングである。

　オンラインレンディングの特徴は、既存の金融機関から融資を借りるよりも低利で借り入れが可能になるという点にある。米国の代表的なオンラインレンディングプラットフォームであるLendingClubによると同社サービスの借り手の支払う平均的な利率は15.8％でクレジットカードを使った融資で支払う平均的な利率の20.4％よりも低くなる。一方、出資者に支払われる利息の利率は

3％から12％程度で、銀行の預金金利に比べて高く、借り手・出資者ともにメリットが大きくなる[79]。

またオンラインレンディングでは申込みから融資が実施されるまでの期間が銀行などに比べて短く、スピードを重視する顧客の利用が多い。こうしたスピードを達成するためには、融資の申し込みに対する迅速な審査が重要である。

米国で代表的な信用情報にFICOスコアがある。これはEquifax、Experian、TransUnionという3つの信用情報機関（クレジットビューロー）が、全米からクレジットカード、消費者ローン、住宅ローン、携帯電話、公共料金、家賃、物品レンタルなどの利用や返済に関する履歴（クレジットヒストリー）を集め、個人の信用力を点数化したものである。収入や年齢、教育、過去の勤務経験といった情報はスコアに反映されていないのも特徴である。

300点から850点の幅があり、740点以上の人々は信用力が高く融資の金利が低くなる可能性がある一方、580点から669点の人々はサブプライムに分類され、高い金利の要求や融資が断られる可能性がある。さらに579点以下の人々については、クレジットカードの申し込みにあたって、審査での拒否や、特別料金の支払い、保証金の預託が求められることもある[80]。

オンラインレンディングでも、多くの場合にはこのFICOスコアをベースに顧客の信用審査を行われるが、加えて収入や年齢、教育、過去の勤務経験といったFICOスコアに反映されない情報やSNSなどの情報、企業であればイーコマースでの販売・取引履歴といったデータを収集し、独自のアルゴリズムによる分析も行われる。こうした分析により、借り手のリスクに見合った金利が提示される。

ただ、現地有識者のヒアリングでは、ほとんどの企業で審査の具体的な手法は明かしておらず、独自にどの程度情報を収集しているのか、さらに収集した情報を分析した結果が貸し倒れ率低減などにどの程度寄与しているかは不透明だ、というコメントも聞かれた。現状のところ、大量の貸し倒れなどは発生していないようだが、審査手法は今後も注目が当たるポイントであろう。

79　LendingClub 2017年 Investor day 資料
80　FICO「Understanding FICO SCORES」

第三章　クラウド時代の資金調達：オンラインレンディングとクラウドファンディング

また、直接融資型のサービスでは、企業が自らの資金で融資を行うため、多額の資金が必要となり、また融資額が大きくなると不況期の貸し倒れ増加などの影響を大きく受けてしまう。こうした点を解決するため、融資債権を証券化し、二次的に流通させる市場が形成されつつある。証券会社が直接融資型サービスを手掛ける企業から融資債権を購入して証券化し、保険会社や運用会社などに売却する流れとなっている[81]。オンラインレンディング市場の規模拡大には、こうした周辺を支える仕組みの整備も大事になる。

米国のオンラインレンディングの規模であるが、Cambridge大学が中心となってまとめた調査報告書[82]を見ると、形態別の融資組成額でプラットフォーム型の個人向け融資が最も大きい。企業向けでは直接融資型が急速に拡大し、プラットフォーム型を上回っている。

LendingClubは、オンラインレンディングが進出可能な分野として、①米国の消費者向けクレジットカードローン、②学生ローン、③自動車ローン、④住宅ローン、などを掲げ、オンラインレンディングの成長余地があるという見方を示している[83]。OnDechも中小企業向け融資で、800〜1,200億ドルの資金需要が満たされていないとし、まだまだ事業の拡大余地があると述べている[84]。

米国には、借金返済や収入が少ないなどの要因から信用度が低く、銀行での

オンラインレンディングの形態	2014年	2015年	2016年
プラットフォーム型/個人	76	180	211
直接融資型/個人	6.9	31	29
プラットフォーム型/企業	9.8	26	13
直接融資型/企業	11	23	60
プラットフォーム型/不動産	1.3	7.8	10

図表3-5　米国のオンラインレンディング　形態別の融資組成額（億ドル）[85]

81　PeerIQ「Securitization and Marketplace Lending : Opportunities and Challenges」
82　「2017 THE AMERICAS ALTERNATIVE FINANCE INDUSTRY REPORT Hitting Stride」
83　LendingClub Money2020 2016 プレゼンテーション
84　OnDech　2017年3Q 投資家向け資料
85　「2017 THE AMERICAS ALTERNATIVE FINANCE INDUSTRY REPORT Hitting Stride」

融資やクレジットカードの利用が出来ない人々が現在も多く存在する。2017年4月におけるFICOスコアの分布を見ると、平均は700点と2005年以降で最も高い水準にあり、750点以上の人々の割合は40％である。一方で、649点以下で融資を受ける際に問題が生じる可能性のある人々の比率も30％に上っている。さらに信用情報の不足などでそもそもFICOスコアを獲得できない人々も国民全体の22％に至っているという[86]。

FICOスコア	2005年10月	2010年4月	2015年4月	2017年4月
300-499	6.6	6.9	4.9	4.7
500-549	8.0	9.0	7.6	6.8
550-599	9.0	9.6	9.4	8.5
600-649	10.2	9.5	10.3	10.0
650-699	12.8	11.9	13.0	13.2
700-749	16.4	15.7	16.6	17.1
750-799	20.1	19.5	18.2	19.0
800-850	16.9	17.9	19.9	20.7

図表 3-6　FICOスコアの分布（％）　時系列推移[87]

　オンラインレンディング企業には貸し倒れリスクを回避するため、信用度の低い顧客には融資組成を行わない企業もあり、例えば、SoFiはFICOスコアで660点、Prosperは640点を融資組成の条件として求めている[88]。一方で、信用度の低い融資の可能性を提供するプラットフォームもあり、例えばAvantは顧客の平均的なFICOスコアを600点〜700点としながらも、より低い層への貸し出しも可能としている。

　ただし、信用度の低い顧客に対しては20％超の金利が要求されることもあり、従前と比べて融資を受けられる間口は広くなったものの、気軽に融資を受けられる状況ではない。信用度の低い人々の融資へのアクセスはオンラインレンディングが普及した現在でも、引き続き大きな課題として残っている。

86　FICO「Infographic: Expanding Credit Opportunities」
87　FICO「US Average FICO Score Hits 700: A Milestone for Consumers」
88　金融サービス比較サイト Nerdwallet の情報を参照

代表的な企業をみると、プラットフォーム型の企業ではLendingClub、Prosper、Upstart、直接融資型の企業ではOnDeck、SoFi、Avant、Kabbageなどがある。用途別にみると個人向け融資ではLendingClub、中小企業向け融資ではOnDech、不動産向け融資ではSoFiがシェアトップを獲得している[89]。

　LendingClubは、借り手と貸し手のマッチングに特化するプラットフォーム型の代表的な企業であり、2007年に創業、2014年にはNYSE（ニューヨーク証券取引所）に上場している。個人向けの融資は最高4万ドルまで借り入れが可能であり、既存のローン等の借換えや家の改築費用、高額商品の購入などに利用できる。資金の供給者は、個人投資家、機関投資家、銀行などで、ユタ州のWebBankと融資の組成について提携している。

　融資組成額は、2016年5月にCEOの辞任など経営混乱の影響があって大幅に落ち込んだが、2017年に入ると回復基調を見せている。

　直接融資型の代表企業は、OnDeckである。同社は中小企業向けの融資に特化し、自らが貸付をして、その債権を証券化し売却するというビジネスモデルを持つ。2006年の創業で、2014年にはNYSEに上場している。OnDeckでは、

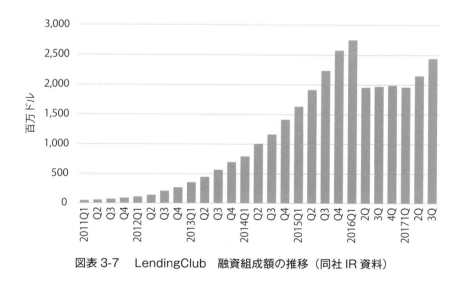

図表3-7　LendingClub　融資組成額の推移（同社IR資料）

89　LEND ACADEMY「Global Overview of Marketplace Lending」

最大で50万ドルの融資、もしくはいつでも自由に借り入れが可能な信用枠を10万ドルまで供与している。利率は3ヵ月から1年間の短期が最低9%であり、1年〜3年間の長期は融資組成手数料を加えて最低9.99%となる。融資に向けた審査には、事業年数、年商、金融資産、創業者のクレジットスコア、小切手の支払い不能履歴／支払い不能期間といった情報を外部から入手し、時系列・他社比較など様々な手法を用いて分析する。

関連する業界で様々な企業とパートナーシップを組んでおり、銀行ではJPMorgan Chase、BBVA[90]、中小企業向けサービスではINTUIT、オンラインレンディングではPROSPER、Credit Karmaなどと協力関係にある。JPMorgan Chaseとの連携では、銀行が顧客との窓口となり、OnDechが技術プラットフォーム、The OnDech Score、カスタマーサービスを提供している。既に7万社以上への貸出実績を持つが、2017年7-9月の融資組成額は前年比13%減の5.1億ドルとやや頭打ち傾向にある。

SoFiは、2011年創業で、学生ローンや住宅ローンといった目的に特化した融資に強い。2015年9月にはソフトバンクグループによる出資も受けている。学生ローンの借り換えでは金利が3%〜7%程度で期間は5年〜20年、住宅ローンの借り換えも3%程度の金利で15年もしくは30年の期間となり、比較的低金利で長期間にわたる融資の組成が同社の特徴になっている。

法改正で弾みがつく米国のクラウドファンディング

米国のクラウドファンディング市場形成に大きな影響を与えたのは、2012年に成立したJumpstart Our Business Startups（JOBS）法と言われている。JOBS法以前の米国の証券法では、株式取得の勧誘を行う際には、一部の除外規定に該当しない限り、SEC[91]の登録を必要とした。一方、JOBS法では、未公開企業が不特定多数の投資家に対し、登録なしに少額の募集を行う事を可能にするクラウドファンディング条項が定められた。法制定の背景にあるのは、金融危機とそれ以降の不況からの脱却を図っていた米国が、経済のけん引役を

---

90 ビルバオ・ビスカヤ・アルヘンタリア銀行：Banco Bilbao Vizcaya Argentaria, S.A.
91 Securities and Exchange Commission 米国証券取引委員会

担う新しい企業の成長を資金調達面でサポートする、というところにあった。

SECはJOBS法を元に最終的なルール「Regulation Crowdfunding」を作成し、2016年5月に施行している。その中では、資金調達をする企業の調達限度額（12ヵ月間で最大100万ドルまで）、②個人投資家の投資限度額（所得や資産によって異なる）、③保有期間（1年以内の原則転売禁止）、④企業による情報開示、などが定められている。また、Regulation Crowdfundingによる募集は、一つのオンラインプラットフォームによる独占が求められ、当該プラットフォームの運営者はSECとFINRA[92]への登録が求められている[93]。

クラウドファンディングの投資動向を前述の報告書[94]でみると、2016年では株式型と購入型が5.5億ドルでほぼ同等の規模になっている。株式型では2016年に600社を超える企業へ投資が行われた。購入型プロジェクト1件あたりの平均的な調達金額は25,000ドルで、おおよそ180名の投資家が1人あたり136ドル程度を出資する形となっている。

クラウドファンディングの形態	2014年	2015年	2016年
株式型	272	591	549
購入型	464	601	551
寄付型	148	140	224
不動産型	135	468	807

図表3-8　米国クラウドファンディング　形態別の調達額推移（百万ドル）[95]

株式型の代表的なプラットフォームはWeFunderである。2012年の創業から2017年11月までに、164社に対し5,363万ドルの資金を募集・投資している。特に2016年5月以降はRegulation Crowdfundingの投資が加速しており、2016年5月から2017年11月の間でRegulation Crowdfunding全体の資金調達

92　金融取引業規制機構 Financial Industry Regulatory Authority
93　日本取引所グループ　セーラ・ビーム氏　「レギュレーション・クラウドファンディングについて」
94　「2017 THE AMERICAS ALTERNATIVE FINANCE INDUSTRY REPORT Hitting Stride」
95　2017 THE AMERICAS ALTERNATIVE FINANCE INDUSTRY REPORT Hitting Stride

額の半分以上のシェアを同社が獲得している[96]。

　投資先企業の業種はやはりICT企業が中心ではあるが、飲食店、小売店、エンターテインメント企業なども多い。調達額の多い事例では、ハリウッドの独立系映画作成会社LEGION Mやクラフトビールの醸造を行うHOPSTERSなどがある。2017年11月末時点でも40社超の企業が資金提供を募集しており、今後もスタートアップ企業の重要な資金調達の窓口となりそうだ。

　購入型の代表的な企業であるKickstarterは、2009年の創立から現在まで13.5万件以上のプロジェクトで、34億ドル以上の資金を集めている[97]。同社のプラットフォームで資金調達できるプロジェクトは、アート、コミック、ダンスなど15分野のクリエイティブプロジェクトに限られ、投資活動や、寄付金の募集、個人的な資金使途のプロジェクトは扱わないことも大きな特徴となっている。

　Indiegogoは、2008年にサンフランシスコで創業した購入型のクラウドファンディングで、資金提供者は235の国・地域から集まっている。キックスターターとの違いとして、①デザインや技術、販売面でのパートナーの存在、②株式出資やプロジェクト後のマーケットプレイス（オンライン販売）の存在、③投資家層の地理的な範囲の広さ、などを掲げている。②については株式型のクラウドファンディング機能も持っており、Regulation Crowdfundingとして300万ドルを超える資金調達も行っている[98]。

　第一章のベンチャーキャピタルによる投資でも見たように、米国はスタートアップ企業に対する投資に積極的であり、個人でスタートアップ企業に投資を行うエンジェル投資家も多く存在する。Regulation Crowdfundingの制定は、こうした投資家の資金をスタートアップ企業にさらに流れやすくする効果を持つだろう。フィンテックにとっては、クラウドファンディングの規模拡大と共に、フィンテックのスタートアップ企業に対する投資が増加するという2つの側面で、大きな支援材料となりそうだ。

96　WeFounder 資料
97　Kickstarter 統計　数字は全世界合計の実績を示している。
98　WeFounder 資料

3.2 中国：2,000社近いP2Pレンディング事業者が覇を競う

　中国では、個人や中小企業がインターネット上のプラットフォームを介してお金を貸借する仕組みについて、オンラインレンディングではなく、P2Pレンディングと呼ぶことが一般的である[99]。P2Pレンディングの事業者は、貸し手と借り手をマッチングさせるためのプラットフォームを提供し、さらに信用評価、投資アドバイス、法的手続きなどといった付加価値サービスの提供も行う場合がある。

　中国のP2Pレンディングは、2007年の拍拍貸（PPdai）によるサービス開始が始めとされ、その後、人人貸（Renrendai）、陸金所（Lufax）、宜人貸（Yerendai）といった代表的な企業が設立された。

　P2Pレンディングの主な借り手は、中小企業や個人が中心であるが、その背景には銀行による融資の問題がある。中国では金利自由化が進んでいるが完全ではなく、商業銀行は限られた利鞘で収益を確保するために、中小企業や個人への貸出に積極的ではない。このため、中小企業や個人の資金需要は農村金融機関や少額貸付会社などに頼る部分が多いが、こうした金融機関は店舗など物理的な制約もあり、高い金利を要求することが多かった。インターネットの普及を背景に生まれたP2Pプラットフォームでは、多くの貸し手と借り手が物理的な制約なく結びつき、情報量も多く、低コストで資金のやり取りが可能なため、P2Pレンディングの利用が急速に拡大した。さらに貸し手・投資家から見ても、銀行金利が低すぎるという不満は強く、比較的に高い利回りを享受できるP2Pレンディングでの運用が進んだ。

　P2Pレンディングのビジネスモデルについては、P2P事業者が借り手・貸し手を仲介するプラットフォームを提供し、借り手・貸し手の募集やリスク管理（情報収集・信用評価など）などを全てインターネット上で行うオンラインモデルが一般的である。その他にP2P事業者がオフラインで借り手の信用調査を行うオフライン信用評価モデル、借り手に不動産や自動車などを担保するよう求めるオフライン担保モデル、など、P2P事業者がオフラインで信用供与など

99　P2PはPeer to Peerを指す。

一定の役割を果たすビジネスモデルも存在している。

　中国のP2Pレンディングのプラットフォーム数は、2012年頃から本格的に増加し始め、2015年末には3,500近いプラットフォームが運営されるに至り、乱立状態にあった。ただし、2016年8月にP2Pレンディングのプラットフォーム設立に対する規制が導入されたことで、足元のプラットフォーム数は減少傾向にある。詐欺など様々な問題から、業務を停止するプラットフォームも多いが、上場企業や大手金融機関がサポートする企業などは、利用者からの信頼度も高く、成長を維持できている。

　地域別の配分を見ると、ICTの普及が進む湾岸地域の事業者数が多く、2017年11月末では広東省が410、北京市が379、上海市が266、浙江省が235と他の省を大きく引き離している。

　P2Pレンディングを通じて行われた融資総額を見ると、2016年は2兆元を突破し、単月で2,000億元を超える月も出てきている。規模別の集中度も少しずつ高まりを見せており、融資総額で上位100プラットフォームが占める比率は2016年12月には78％に至っている。

　融資実施額が増加傾向となる中で融資残高も大きく積みあがってきており、

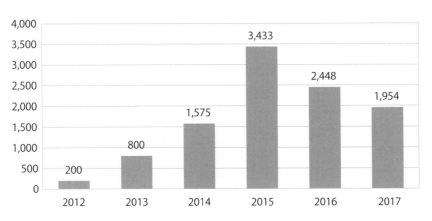

図表 3-9　P2P プラットフォーム数の推移 [100]（2017 年は 11 月末）

---

[100] 网贷之家　2017年は11月末のプラットフォーム数

第三章　クラウド時代の資金調達：オンラインレンディングとクラウドファンディング

2017年11月末では1兆2,007億元に達している。借入額の増加や借入期間の長期化も融資残高の増加につながっている。平均的な借り入れの期間は2013年の4.73ヵ月を底に、2016年は7.89ヵ月と長期化をしている。ただ、借り入れ期限別の構成比を見ると3ヵ月以内が49％、3ヵ月～6ヵ月が35％と、長期化とはいえ半年以内の短期貸付がほとんどである。

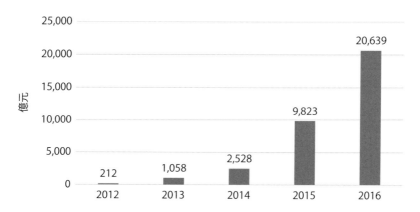

図表 3-10　P2P レンディング　年間の融資累計額の推移 [101]

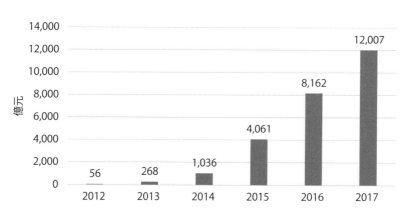

図表 3-11　P2P レンディング　年末における融資残高の推移 [102]

---

101 网贷之家　2016 年中国网络借贷行业年报
102 网贷之家　2017 年は 11 月末の融資残高

P2Pレンディングのプラットフォームの代表格は陸金所（Lufax）である。2011年9月創業で、大手保険グループの中国平安保険集団に属する（第五章参照）。現在はP2Pレンディングに留まらず、株式や投資信託、保険商品など様々な金融商品にアクセスできる総合的な資産管理プラットフォームとして機能している。同社サービスの累計登録者数は2017年9月末で3,236万人、そのうちアクティブに利用している人は769万人、2017年9月末の融資残高は2,692億元と、いずれも増勢が続いている[103]。

　宜人貸（Yerendai）は2012年に正式にサービスを開始したプラットフォームで、2015年にはニューヨーク証券取引所での上場も果たしている。同社は比較的信用度の高い借り手にフォーカスし、貸し倒れのリスクを抑えており、手数料など費用明細を利用者に情報提供することで、信頼を得ることができている。同社の親会社は、中国で融資事業を手掛ける宜信（CreditEASE）であるが、宜信の持つ様々な情報を生かし、リスク評価につなげている。資金提供は100元から行うことが可能で、個別の借り手を選んで貸し出す、または求めるリターンに応じて宜人貸のプラットフォームに自動的に貸出先を選んでもらうこともできる。2017年7-9月期では19万人の借り手に対して122億元の融資を成立させており、過去からの累計数をみると、借り手の累計数は92万人、資金提供者の累計数は110万人に上っている[104]。

　拍拍貸（PPdai）は、上海を本拠地とし、2007年に創業、2017年11月にニューヨーク証券取引所に上場を果たしたばかりである。同社は20才から40才の比較的若い層をターゲットに融資を組成しており、全借り手に占める20才から40才の比率は85％に上っている。また、若年層が借り手の中心という事もあって借入金額は少なく、1回あたりの借入額は、1,000元以下が3割、1,000元〜3,000元が5割弱、3,000元〜10,000元が2割、それ以上は2％未満となっている。2017年9月時点での同社サービスの累計登録者数は5,700万人、累計の借り手は900万人、2017年7-9月における融資成立額は210億元であった。

103　中国平安保険 IR 資料
104　宜人貸 IR 資料

P2Pレンディングが引き起こす問題

　急速に普及するP2Pレンディングだが、多くのP2P事業者、借り手、貸し手が参入する中で、様々な問題が生じている。特にP2P事業者自身が問題を起こした場合、個別の貸し倒れよりも被害が大きくなりやすい。過去に大きな問題となったのは、P2P事業者のe租宝（Ezubao）による詐欺事件である。同社は2015年12月に倒産したが、90万人の投資家から500億元を超える資金を集めていたとされ、多数の被害者が出ることとなった。それ以外にも運営失敗等で赤字に陥り営業を中止する事業者や、犯罪容疑で取締りを受け営業を中止する事業者などもある。こうした事件を防ぐために、2016年8月には「インターネット貸借情報仲介機関業務活動管理暫行弁法」が発表され、P2P事業者の禁止行為などが定められた。

　融資のリスク管理面を見ると、中国での信用情報システムには、中国人民銀行が提供する征信中心（CRC[105]）と、中国人民銀行の子会社である上海資信が提供する網絡金融征信系統（NFCS[106]）があり、後者は特にP2Pレンディングに向けた信用情報システムとなっている。

　網絡金融征信系統では、顧客の個人情報や融資申請、融資の返済などの情報を収集・共有し、詐欺や過剰債務などの防止に役立てているという。ただし、米国のFICOスコアのように明確な信用情報を提供しているかは不透明である。P2P事業者は網絡金融征信系統の情報を加味しつつ、独自の信用リスク判定を行っていると推察される。

マイクロクレジットと信用スコアリング

　P2Pレンディングではないが、中小企業や個人に向けて、少額の資金を貸し出すマイクロクレジットサービスの提供が増加している。マイクロクレジットでは、貸出金額が少額ということもあって、一般的に詳細な信用調査は行わず、高めの金利で貸し出すことで貸し倒れを吸収する、多数の取引を行うこと

105　Credit Reference Center
106　Net Finance Credit System

で、統計的なリスク予測を可能にする、といった方法がとられるという。

最近ではアリババのMyBank、テンセントのWeBank、百度（バイドゥ）のBaixin Bankといった大手インターネット企業の系列オンライン銀行によるサービス提供が進んでいる。これらの創立時期は、WeBankが2015年1月、My Bankが2015年6月、Baixin Bankは2015年11月と、いずれもごく最近の設立である。

こうしたオンライン銀行の場合、グループ企業が持つイーコマースの取引履歴、決済口座の取引履歴などを分析し、与信判断が行われている。信用情報の代表的なものに、アリババが提供する芝麻信用（ZHIMA CREDIT）がある。これは、アリペイに付随した信用情報管理システムで、アリペイの利用履歴に加えて、個人の学歴や職歴、自動車や住宅など資産の保有状況、人脈・交遊関係などを加味し、利用者の信用度を点数化している。

信用度は350点〜950点の範囲で格付けされ、点数で信用の高低を5つに分類しており、米国のFICOスコアと似たイメージである。この点数は本人にも公開され、MyBankでの与信や金利優遇などの判断材料にするほか、外部での利用が可能であり、ホテル宿泊、結婚マッチング、就職などで様々な分野で芝麻信用の点数が参照されている。

中国では金融機関主導による個人の信用を図る仕組みが浸透していなかったが、急速なネット社会の立ち上がりが個人の信用を図る物差しをつくる土台の役割を果たし始めている。

クラウドファンディングを使った顧客囲い込み作戦

中国では、2011年に点名時間（DemoHour）が中国初のクラウドファンディングサービスを立ち上げて以降、2013年にはアリババグループの淘宝众筹が事業を開始し、2015年にはテンセント、バイドゥ、京東商城、蘇寧電器、奇虎360、乐視電視などインターネット大手企業が続々とクラウドファンディングサービスに参入している。

クラウドファンディングのプラットフォーム数も、2013年の29から2014年には142と急増、2016年には427まで拡大している[107]。

107　网贷之家　2016年中国众筹行业年报

種類別にみると購入型が222、株式型が117、寄付型は18、ハイブリッド型が70となり、購入型では自動車やコンテンツなど特定分野のプロジェクトに特化したプラットフォームが多い。

　クラウドファンディングを通じて集められた資金は2014年の22億元から、2016年は225億元と10倍の水準に拡大し、特に購入型のプロジェクト数や集めた資金の額が圧倒的に多くなっている。

　中国のクラウドファンディング事業者を調達額順に並べると、京東衆筹、淘宝衆筹、开始衆筹、苏宁衆筹の上位4社は、いずれもイーコマースを主力事業とするグループの傘下にある。これらの企業は、グループ内の既存ビジネス（イーコマース等）で多くの顧客を抱えており、そうした顧客に対して、購入型クラウドファンディングとして新しい製品・サービスを提供している。

　中国のクラウドファンディングは、イーコマースの拡大と共に、予約販売の仕組みとしての利用がしばらくは続いていくとみられる。

3.3 欧州：英国では中小企業を支える重要な資金源へ

　欧州でオンラインレンディング、クラウドファンディングが最も活発なのは英国である。他の欧州諸国に先んじて様々なフィンテックスタートアップ企業の育成策を打ち出し（第六章参照）、首都ロンドンが欧州の国際金融センターとして圧倒的な地位にあって豊富な金融人材がそろっていたことなどが背景にある。

　Cambridge大学が中心となってまとめた調査報告書[108]を見ても、オンラインレンディング、クラウドファンディングともに圧倒的に英国の規模が大きいことがわかる。

　英国でのオンラインレンディングの普及は、米国と同様に既存金融機関の融資姿勢の厳格化が影響している。英国では銀行の数が合併により減少し、さら

---

108 「THE 2015 UK ALTERNATIVE FINANCE INDUSTRY REPORT」、「THE 2ND EUROPEAN ALTERNATIVE FINANCE INDUSTRY REPORT」

国・地域名	消費者向け	企業向け	合計
英国	1,036（909）	1,699（1,490）	2,735（2,399）
ドイツ	136	49	185
フランス	135	28	163
オランダ	—	74	74
北欧諸国	37	28	65

図表3-12　オンラインレンディング　欧州各国別の融資額推移（2015年/百万ユーロ）[109]

国・地域名	株式	財・サービス	寄付
英国	378（332）	48（42）	14（12）
フランス	75	48	1
ドイツ	24	21	10
オランダ	17	11	—
北欧諸国	13	12	3

図表3-13　クラウドファンディング　欧州各国別資金調達額推移（2015年/百万ユーロ）[110]

に支店の削減なども続いていることも、銀行の融資に影響している。そうした中で、オンラインレンディングはビジネス向けの融資組成が多く、特に中小企業の資金調達の重要なツールになっている。2015年にオンラインレンディングやクラウドファンディングで資金を調達した中小企業は約2万社となり、2014年の7,000社から増加した。中小企業向けの新規融資額に占めるオンラインレンディングの比率は、2012年は0.3％であったが、2014年には3.3％となり、依然として低いものの、シェアは急速に拡大している。特に借換えでない新しい融資の組成の比率は、2012年の1％から2014年には12％とかなりインパクトのある比率になってきている。

　不動産向けの融資組成も多い。2015年では主に中小の開発事業者が手掛け

---

109 英国の数値は1ポンド＝1.14ユーロで換算。括弧内はもともと報告書内に記述されているポンドでの表示（百万ポンド）。
110 「THE 2015 UK ALTERNATIVE FINANCE INDUSTRY REPORT」「THE 2ND EUROPEAN ALTERNATIVE FINANCE INDUSTRY REPORT」

る600件以上のプロジェクトで、オンラインレンディングによる資金調達が行われた。

　消費者向けの融資組成では、2015年では20万人以上の人々が融資を受け、平均的な融資額は約6,600ポンドであった。個人の借り入れはもっぱら自動車購入に向けたものが多い。

　資金の出し手としては機関投資家の存在が大きく、2015年では半分近くの資金が機関投資家から拠出されている。

　英国ではクラウドファンディングの存在感も増している。株式発行型の資金調達額は、2015年に3.3億ポンドとなり、ベンチャーキャピタルによる出資などと並んで中小企業の重要な資金調達源となっている。購入型では、映画などの資金調達が堅調だ。

　個別のプラットフォームの状況はどうであろうか。英国では既に100近いプラットフォームが存在しているが、数の増加は勢いが減速する一方、勝ち組が知名度・集客力を高め、より大きくなる状況にある。代表的なオンラインレンディングプラットフォームとしては、FundingCircle、Zopa、Ratesetter、LendInvestなどが上げられる。

　FundingCircleは、2010年の創業でプラットフォーム型のビジネス展開を行っている。2013年10月には米国に進出、2015年10月にはドイツ、オランダ、スペインで事業展開と地理的な範囲を拡大している。貸出先は中小企業向けが中心であり、英国では3万社以上の企業が銀行や地方議会などを含む74,000人近い出資者から融資を受けている。英国における融資総額は、創立から累計で約30億ポンド、貸出中の融資額は約16億ポンドと英国最大である[111]。

　ZOPAは、最初の融資を2005年に組成したプラットフォーム型の老舗である。消費者向けが中心でこれまで約28万名に対して貸付を行ってきた。投資家も個人中心となっている。創業から現在までの融資累計額は、29億ポンドに上っている[112]。

---

111 FundingCircle 資料
112 ZOPA 資料

RateSetterはプラットフォーム型の事業者で、2010年に事業を開始し、累積の融資組成総額は23億ポンドに上る。融資先は個人向けと法人向けの両方を手掛けるが、個人向け6割強で多い[113]。

　LendInvestは不動産向けの融資組成に特化したプラットフォームであり、融資の申し込みに対し、いったん自社の資金で貸し出しを行い、その後にその融資に対しての資金提供者をオンラインで募る形を取っている。2008年の事業開始から累計で11億ポンドを3,500件以上のプロジェクト向けに融資組成した。地域的にはロンドンが半分以上と多く、その他は南東地域などの構成比が高くなっている[114]。

　このように、英国の大手4社は、その主な貸出先などで特徴を出し、それぞれが得意とする領域を中心に、事業の拡大を図っている。

3.4　日本：認知度の低さが大きな課題

　日本のオンラインレンディング市場も徐々に拡大しつつある。ソーシャルレンディング[115]に特化した比較サイトであるクラウドポートがまとめた日本のソーシャルレンディング投資額を見ると、2016年は月に50億円以下という事も多かったが、2017年に入ると100億円を超える月が増加している。資金使途は国内不動産や国内事業性資金が多く、他にエネルギー、海外不動産向けなどとなっている。

　主要企業を見ると、業界トップのマネオ（Maneo）は2008年10月に事業を開始し、2017年11月時点で累計900億円超の融資を成立させている。不動産取得資金や飲食店フランチャイズの開業資金など事業性資金に特化し、投資家の資金で融資ファンドを組成して借り手に貸付を実行するプラットフォーム型の事業展開を行っている。平均的な利率は7％前後と銀行預金よりもかなり高

113　RateSetter 資料
114　LendInvest 資料
115　クラウドポートではソーシャルレンディングという言葉を使っている。筆者はオンラインレンディング（特にプラットフォーム型）とほぼ同義として捉えている。

いが、延滞が発生した案件は少ないという。

　SBIグループ傘下企業のSBIソーシャルレンディングもプラットフォーム型の事業、不動産担保ローン事業向けプロジェクトを中心に展開している。2017年11月時点で、不動産担保ローン事業者ファンドでは累計124億円、オーダーメイド型では累計210億円超の貸付実績を持っている。

　また、不動産向けに特化した企業、再生可能エネルギーに特化した企業など、差別化を図る動きもある。LCレンディングはJASDAQ上場企業のLCグループに属し、グループ内のLCパートナーズとロジコムが購入・管理する不動産案件を中心に融資ファンドを組成し、投資家から資金を集めている。グリーンインフラレンディングは、再生可能エネルギーのプロジェクトに特化し、太陽光発電、バイオマス発電向けの融資ファンドを組成している。資金の募集はマネオのプラットフォームを利用している。

　このように日本でもオンラインレンディングの実績が出てきているが、米国や中国と比較すると規模の差はまだまだ大きいのが実情だ。

　企業向け融資の需要面について、中小企業庁の委託調査報告書[116]のアンケート結果をみると、多くの企業は適正な借り入れができている、もしくは金融機関からは借入の必要がないと返答しており、一般的にはそれほどニーズが高くないと言える状況にある。

　ただ、従業員5人以下の企業では資金繰りが厳しいという回答も10％を超える水準に達している。また資金調達ができている場合でも代表者等の保証や信用保証協会の保証、不動産担保を必要とする借入の比率が高く、多くの中小企業が望む事業性を評価した担保・保証によらない借入はなかなか達成できていないのが実情である。こうした状況を見ると、リスクは高くなるが、従業員数が少ない企業向けや事業性を評価した無担保の融資などでは、需要を見出すことができそうだ。

　個人の需要について日本貸金業協会の報告書[117]を見ると、借入経験のある個人で希望通りの借入ができなかった人々は3割強と、それなりに存在する。借

---

116 みずほ総合研究所「中小企業のリスクマネジメントと信用力向上に関する調査」
117 「資金需要者等の借入れに対する意識や行動に関する調査結果報告」

入先として検討した金融機関は銀行、大手消費者金融会社、クレジットカード・信販会社が多いが、借入先選定のポイントとしては金利水準、手続きの簡便性、審査時間、インターネットでの申込み可否、などが上げられており、オンラインレンディングの強みが発揮できるポイントも多いと言える。

日本での普及の大きなボトルネックはオンラインレンディングに対する認識が低い事だろう。消費者庁が行ったアンケート調査[118]によると、フィンテックの中で資金調達（ソーシャルレンディング・融資型クラウドファンディング）に対する認知度は、「利用しており、よく知っている」がわずか0.6％に留まり、「知らないし、利用したこともない」は89％と、ほとんどの人がその存在を知らないのが実情である。

投資家側から見ても、銀行預金に比べて高い利回りと、現在は低く押さえられているデフォルト率などを考えると、金融資産の一部として持つ魅力はあると考えられ、まずはその存在を広く知ってもらう努力が重要と考えられる。

米国や英国では既存金融機関との連携が増加しているが、日本でもこうした連携を進める必要があろう。日本人の投資に対する慎重な姿勢を考えると、オンラインレンディングの存在を知っても、なかなか投資行動につながらない可能性は高い。投資家に安心感を与えるためにも、既存の金融機関との連携は大切であり、さらに資金の出し手として銀行が大きな役割を果たすことも、市場拡大につながるだろう。

日本のオンラインレンディングは事業向けが中心であるが、さらなる市場拡大には個人向け融資も視野に入れる必要がある。ただ、前述のマネオは、2008年の事業開始当時は個人向けの融資を行っていたが、多くの延滞発生によってあえなく個人向け融資を中止した経緯もある。銀行のカードローンなど競合する融資サービスの存在も、個人向け融資サービスが立ち上がらない理由であろう。さらに日本は米国や中国に比べて個人情報の取扱が厳しく、審査のための情報入手が難しいこともボトルネックになっている。

面白い動きとして、みずほ銀行とソフトバンクが出資するJスコアが開始した、人工知能・AIを使った個人向け融資の取組がある。同サービスでは、年

---

[118]「平成28年度 消費生活に関する意識調査 結果報告書―フィンテック等に関する調査―」

齢や最終学歴など18の質問に答えると信用力を1,000点満点で点数化するが、性格診断や趣味など任意の質問に答えると評価がさらに精密になるという[119]。こうした目に見える信用力評価が一般化すれば、オンラインレンディングにも応用ができ、個人向け融資の拡大につながるだろう。

クラウドファンディングについても見ていきたい。矢野経済研究所によると[120]、2016年度のクラウドファンディングの調達額は購入型が約62億円、寄付型が約5億円、株式型が約0.4億円となり、購入型が中心になっている。

代表的なプラットフォームを見ると、国内最大といわれるキャンプファイヤーでは、2017年11月までに9千件以上のプロジェクトを掲載し、総支援者数で33万人、流通金額は36億円を超えている[121]。プロジェクト分野はアート、ゲーム、ファッションなどに分かれ、出資者には何かしらのリターンが提供される事がほとんどである。キャンプファイヤーでは、資金調達に成功したプロジェクト実行者を対象としたキャンプファイアーレンディングやインターネットインフラ環境の無料提供なども行い、プロジェクト実行者への支援体制も整えている。また、同社は、「既存のクラウドファンディング以上に、社会課題に取り組む方を強力にサポートすること」を目的にグッドモーニングを立上げ、寄付型プロジェクトも取り扱っている。

レディフォーは2011年に東京大学発ベンチャーとしてスタートし、社会性の高いプロジェクトを多く手掛けている。2017年11月時点で成立した案件は3,700件超、募集中の案件は約4,000件となっている。

カウントダウンは案件の概要を英語に翻訳し、世界中から資金を集められることを特徴とする。国内外の専門家を集め、プロジェクト実行者がアドバイスを受けられる仕組みの構築、プロジェクトで出来上がった商品を越境EC「ALEXCIOUS」を通じて販売できることも、同プラットフォームの強みになっている。その他、サイバーエージェントが運営するマクアケや多数の地域特化型クラウドファンディングが存在する。

株式型クラウドファンディングでは、日本クラウドキャピタルが手掛ける

---

119 日本経済新聞　2017年9月26日
120 2017年9月7日プレスリリース
121 キャンプファイヤー　プレスリリース

FUNDINNOが2016年11月に第一号業者として登録を受けている。

クラウドファンディングの普及もまずは認知度が課題であろう。前述の消費者庁が行ったアンケート調査[122]において、出資・事前購入・寄付型クラウドファンディングを「知らないし、利用したこともない」とした比率は87％に上っている。クラウドファンディングのプロジェクトには大変にユニークなものも多いため、プロジェクトによって生み出された製品やサービスが世間の注目を集め、資金を呼び込む循環がうまく回ることが期待される。

ICOによる資金調達

日本のクラウドファンディングにおいて株式型の募集金額が少ないことは述べたが、株式発行に代わる新しい資金調達方法として注目を集めているのが、ICO（イニシャルコインオファリング）である。

ICOでは、資金調達を行いたい起業家や企業が、投資家からの資金提供の対価として、これから自社で提供する製品・サービスの購入に使える仮想通貨（以下、「トークン」という）を提供する仕組みである。購入型のクラウドファンディングでは、提供された資金を使って作られた商品・サービスを投資家に直接提供するが、ICOでは先にトークンという形で提供するところが大きな違いである。

これまでスタートアップ企業のおもな資金調達手段は、融資やベンチャーキャピタルからの出資等だったが、株式を対価とする場合には経営権の一部を渡すことになり、融資の場合は返済の義務を負う。またある程度の企業規模が求められることが多く、手続き等が複雑なこともある。

一方、ICOでは、自社が提供する商品・サービスが対価となるため、経営権の一部譲渡や資金の返済義務が生ぜず、インターネット上でホワイトペーパーという事業計画書を提示すれば、世界中の投資家から資金調達が可能であり、証券会社や取引所の審査も得る必要もない。

さらにICOではブロックチェーン技術を利用することで、投資家は入手したトークンを第三者に流通する仕組みをつくることも可能であり、またトーク

---

[122] 平成28年度 消費生活に関する意識調査 結果報告書—フィンテック等に関する調査—

①払込とトークンの引き渡し

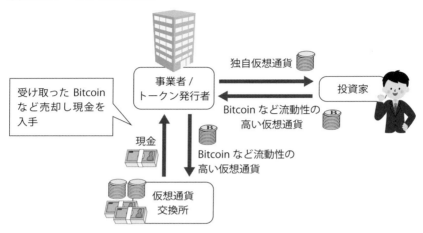

②トークンの利用・流通

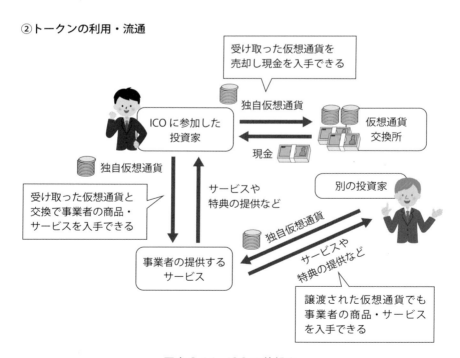

図表3-14　ICOの仕組み

ンを資金調達プロジェクト後も存続させることもできる。

　このようにメリットも多いICOだが、現状では商品・サービスの対価としての魅力よりも、入手したトークンの値上がりを狙う投資対象として考えている投資家が多いのも事実である。
　米国でのICOによるネット関連企業の資金調達額は急増しており、2017年3月までは月に2,000万ドル程度であったが、2017年9月には8.4億ドルに達し、2017年6月以降はICOによる資金調達額がベンチャーキャピタルなどからの調達額を上回っているという[123]。
　日本では、仮想通貨取引所「Zaif」を手掛けるテックビューロが、ICOプラットフォームであるコムサ（COMSA）を立ち上げ、2017年10月にはまずコムサ自らのICOを行って、100億円を超える資金を調達している。コムサでは、今後もメタップスの時間取引所「タイムバンク」や、テックビューロ・Looop・クリプトマイニングジャパンが手掛ける仮想通貨採掘事業などのICOも予定している。仮想通貨取引所QUOINEXやQRYPTOSを運営するQUOINEは、世界の様々な仮想通貨取引所とつながるQUOINE LIQUIDプラットフォームの整備を主な目的にICOを行った。2017年11月にQASHトークンを発行し、仮想通貨取引所QUOINEXでの売買の取り扱いも行っている。
　新しい資金調達手段として大変に注目を集めているICOだが、課題も指摘されている。大きな課題としては、発行されるトークンによって、仮想通貨なのか、のちにサービスを受けられる商品券のようなものなのかといった分類が難しく、どういった法律が当てはまるかの判断が必要となる点などが指摘されている。さらに、ICOを行った企業が、トークン発行時に約束した事項を守らず、そのまま消滅してしまうといった詐欺行為も大きな問題となっており、米国ではSECによる詐欺行為の告発事例もある。中国では、こうした詐欺行為の防止や投機的な活動を抑えることを主眼として、2017年9月にICOが禁止されている。
　発行体や投資家がICOの持つ自由さを生かしつつ、詐欺などの不正やトークンの価格の過度な乱高下といったデメリットをどこまで抑えることができる

---

[123] 日本経済新聞　11月22日

か、今後の様々な制度整備に加えて、参加者のモラルも問われることになりそうだ。

コラム ブロックチェーン

　ブロックチェーンは仮想通貨Bitcoinの基幹技術として発明された技術で、従来のICTシステムが主に中央に置かれたサーバでデータを管理していたのに対し、複数のノードと呼ばれるコンピュータが相互に監視しあってデータを管理する仕組み。取引等のデータをブロックと呼ばれる単位にまとめ、さらに1つ前に生成されたブロックの内容を示すハッシュ値と呼ばれる情報もブロックに格納することで、データ改ざんを困難にしている。
　参加する全てのノードが、このブロックのつながり（ブロックチェーン）すなわち取引の台帳を共有するため、分散型台帳技術と言われる。
　Bitcoin以外にEthereumなどの仮想通貨に利用され、仮想通貨以外でも様々な情報の登記や貿易のシステム等への応用が研究されている。

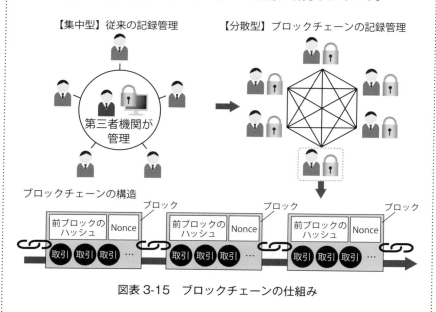

図表3-15　ブロックチェーンの仕組み

第四章
地域のニーズを取り入れたフィンテックサービスの発展

4.1 米国：人工知能時代の資産運用／ロボアドバイザー

　ロボアドバイザーとは、資産運用に当たって、人間が運用の指図をするのではなく、ソフトウェア・人工知能が、各人にあったポートフォリオを構築してくれる、というサービスである。投資家は、インターネット・スマートフォンから、年齢や年収、金融資産、投資経験、期待する収益とリスク許容度といった情報を提供し、ロボアドバイザーは入力された情報を元に最適と思われる金融資産の組み合わせで運用を行う。

　実際に顧客の資産を預かって運用する投資一任運用型と、理想的なポートフォリオを提示し運用は顧客が行うアドバイス型のロボアドバイザーがある。

　投資先は個別企業の株式や債券ではなく、上場投資信託（Exchange Traded Fund、以下ETF）が一般的である。ETFには、株式や債券の代表的な指数や、不動産（REIT）、通貨、コモディティ（商品）の値動きと連動する商品があり、少額から分散投資を行うことが出来るメリットを持つ。値動きの異なる様々なETFを組み合わせることで、リスクを抑えつつ期待に沿った利回りを追求していく。

　ロボアドバイザーの利用は世界的に進んでいるが、実際の活用は米国が群を

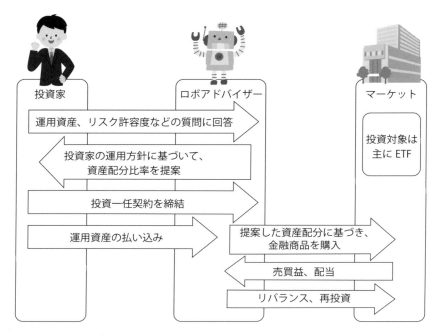

図表 4-1　投資一任運用型ロボアドバイザーの仕組み

抜いている。**図表4-2**では、稼働しているロボアドバイザーの数を示しているが、米国は2位のドイツ以下を大きく引き離している事がわかる。

　米国が世界でも進んでいる背景には、国民の投資に対する積極性とETFなど投資商品の充実、という両面があると考えられる。実際に家計の金融資産構成を見ると、日本は現金・預金が50％以上を占めているのに対し、米国では株式等と投資信託を合わせて46％となり、積極的に投資を行っていることがわかる。また、ETP[124]の地域別運用残高比率を見ると、米国が72％と圧倒的に多く、次いで欧州の17％、アジアの9％となっている[125]。こうしたことが、米国におけるロボアドバイザー普及を後押ししている。

---

[124] Exchange Traded Products：ETFに、商品・コモディティの指数に連動するETC (Exchange Traded Commodities) と、特定の指数に連動するように作られた証券を市場で取引するETN (Exchange Traded Notes) を合わせてETPと呼ぶ。
[125] BLACKROCK, "BlackRock Global ETP Landscape - Industry Highlights, November 2017" を元に算出

国・地域名	ロボアドバイザー数	国・地域名	ロボアドバイザー数
米国	200＋	カナダ	12
ドイツ	31	シンガポール	8
英国	20	オーストラリア	8
中国	20	イタリア	5
インド	19	南米	3
フランス	17	アフリカ	3
日本	14		

図表 4-2　各国・地域のロボアドバイザー数 [126]

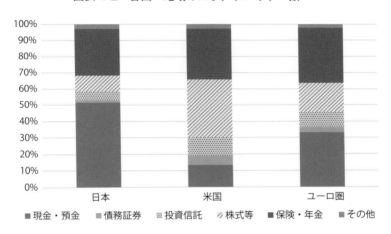

図表 4-3　家計の金融資産構成 [127]

　米国では、証券会社の営業が個別の株式や債券などを推奨するスタイルから資産配分のバランスを重視したものに代わってきており、特に投資家の持つ資産の運用を一括で請負い、顧客の求めるリターンやリスク選好や投資期間を元に投資ポートフォリオを構築するマネージドアカウントサービスが普及している。このマネージドアカウントサービスは、多額の金融資産を持つ富裕層が主なターゲットではあるが、銀行やディスカウント証券なども同サービスを提供し始めており、利用者のすそ野が広がっている。通常のマネージドアカウント

---

126 Burnmark「Digital Wealth」
127 日本銀行　資金循環の日米欧比較 2017

サービスでは人間が投資資産の配分を行うのに対し、ロボアドバイザーサービスでは、ソフトウェア・人工知能が資産配分を行う。

ロボアドバイザーの特徴は安い手数料率であり、通常、通常のマネージドアカウントサービスでは資産額に対して1％程度の手数料を要求するのに対し、ロボアドバイザーでは高くても0.5％以下に収まるサービスが多い[128]。このことが高い手数料を支払うことを敬遠するマス投資家層のロボアドバイザー利用につながっている。

米国において、ロボアドバイザーの導入が始まった当初は、BettermentやWealthfrontといったスタートアップ企業が有料でサービスを提供していた。しかし、2014年には大手資産運用会社であるVanguardが自社の顧客に対し独自のロボアドバイザーサービスを提供、その後もBlack Rockなどの資産運用会社、Charles Schwabなどディスカウント証券会社が自社の顧客向けに同様のロボアドバイザーサービスを提供するなど、既存金融機関が顧客満足度を高め、囲い込みをするためのツールとしても使われている。

図表4-4ではロボアドバイザーの元で運用される資産総額を記載しているが、VanguardやCharles Schwabの預かり資産は、既にBettermentなど独立系企業の預かり資産を大きく上回っている。

今後の動きを考えると、手数料の安さや取扱いが可能なETFの種類の増加などを背景に、ロボアドバイザーが運用する資産の増加は続くとみられる。た

サービス	預かり資産
Vanguard Personal Advisor	470
Schwab Intelligent Portfolio	123
Betterment	67
Wealthfront	44
Personal Capital	29

図表4-4　米国の主要ロボアドバイザーの預かり資産額（2016年／億ドル）[129]

---

128 Financial Technology Partners「WEALTHTECH」
129 World Economic Forum「Beyond Fintech：A Pragmatic Assessment Of Disruptive Potential In　Financial Services」

だし、一般的なロボアドバイザーは、顧客の属性などから許容されるリスク量の中で最大限のリターンが見込めるようなポートフォリオを作成するという点で大きな違いはなく、各サービスの特徴を打ち出すことは難しいであろう。結果として価格競争に陥りやすく、ロボアドバイザー以外の機能を合わせてサービスを提供することで収益を確保できる、既存金融機関の優位性が高まることが予想される。

日本におけるロボアドバイザーの導入

　米国に規模では後れを取っているが、日本でもロボアドバイザー導入は始まっている。代表的なサービスとしてウェルスナビとお金のデザインが提供するTHEOがあり、ウェルスナビは2017年11月に口座数で56,000件、預かり資産で400億円を獲得、THEOは2017年10月に運用顧客が2万人を突破している。いずれのサービスも手数料は1%で[130]、海外のETFを含めた国際分散投資で運用を行っている。また、既存金融機関によるサービス提供も動き出しており、例えば、SBI証券は上記のウェルスナビとTHEOと提携し、自らの顧客に両サービスを提供しているほか、他の証券会社や投資信託会社などでは、自ら開発したサービスを顧客に提供しているところも多い。

提供企業	サービス名
SBI証券	SBIファンドロボ
野村証券	ゴールベース
松井証券	投信工房
マネックス証券	マネラップ
楽天証券	楽ラップ
みずほ銀行	スマートフォリオ
野村アセットマネジメント	Funds Robo
大和アセットマネジメント	FUNDROID

図表 4-5　既存金融機関が提供するロボアドバイザーサービス [131]

130　いずれも3,000万円を超えた分については0.5%
131　投資一任運用型およびアドバイス型の両方を記載

先の**図表4-3**で示したように、日本人は投資に対する姿勢が慎重で、預金の比率が大変に高いのが現状である。逆に投資を行うことが出来る資金は豊富にあるともいえ、ロボアドバイザーの潜在的な市場は大変に大きいと言うこともできるだろう。お金のデザインが提供するTHEOの顧客年齢層を見ると20代と30代でほぼ半分を占め、最も金融資産を持っている60代以降の比率は少なくなっている。これから時を経て、テクノロジーの利用に慣れた世代が金融資産を持つようになり、資産運用分野でもロボアドバイザーを始めとしたフィンテックの利用がますます拡大することが期待される。またTHEOの顧客の4割近い人は、過去に投資経験がないといい、投資の入り口としての機能も果たしている。

このように日本のロボアドバイザーの利用も今後は拡大することが見込まれるが、普及が始まってからまだ大きな金融危機を経験していないため、そうした時のパフォーマンス（損失の度合い）などは、今後の普及の課題となりそうだ。

4.2 中国：インターネットMMFの拡大が投資のすそ野を広げる

中国では、経済成長と金融市場の発展に伴って、資産運用・資産管理への関心も高まっている。既存の銀行や投資運用会社が販売している投資信託等での運用も増加しているが、昨今ではインターネット金融と密接に関わる資産運用サービスが普及している。

特にアリババが2013年6月に提供を開始したファンド商品「余額宝」が大きな成功を収めていることで、互联网宝宝：インターネットMMF（Money Management Fund）と呼ばれる運用サービスが拡大している。余額宝は、アリペイと連動したサービスで、アリペイの口座残高を「余額宝」に移し替えると、MMFとして運用され、年率4％程の利回り[132]を得ることができる。投資は即時に換金し各種決済に使えることや、最低投資額が1元と少額で可能なことなど利用へのハードルも低いことから、人気を集めている。

---

[132] 2017年12月時点

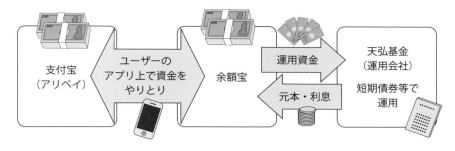

図表 4-6　余額宝の仕組み

　余額宝の2017年6月末の資産規模は、1.4兆元まで拡大している。銀行の個人普通預金と比較しても、最も多い中国農業銀行が4.2兆元、次に中国工商銀行の3.4兆元、中国建設銀行が3兆元、中国銀行は1.6兆元であることから、現在の増加スピードを考えると、まもなく最下位の中国銀行に追いつくと見られている[133]。

　余額宝の成功をみて、様々な企業が同様の資産運用サービスを提供し始めている。具体的な企業では、テンセントの理財通、バイドゥの百度百賺、イーコマース大手の京東商城（JD.COM）の京東小金庫、苏宁易购（Sunning.com）の零銭宝などがある。インターネット企業以外でも、通信事業者の中国電信（China Telecom）、中国聯通（China Unicom）、携帯電話ベンダーの小米科技（Xiaomi）などが独自のインターネットMMFを提供している。しかし、広く決済で利用されるアリペイおよびウィーチャットペイと連携するアリババの余額宝とテンセントの理財通の強みは大きく、この2強を崩すことは簡単ではないだろう。

　インターネットMMFを投資の入り口として、人々が他の投資信託などにも興味を持つようになれば、そうした投資商品への資金流入も活発になる可能性はある。また、アリペイ、ウィーチャットペイなど代表的な第三者決済サービスは、スマートフォン上から簡単に様々な投資信託などに投資できる機能も備えている（第五章参照）。

---

[133] ZUU Online　高野悠介氏　2017年7月記事

コンサルティング会社BCGの調査報告書[134]によると、2016年時点で世界の投資運用残高は69兆ドルであり、そのうち米国が33兆ドル、欧州が18兆ドル、日本とオーストラリアの合計が6兆ドル、と先進国が圧倒的に大きな比率を占めている。中国は先進国と比べると、まだ金額が小さいものの、決済のキャッシュレス化が進んだように、インターネットMMFを皮切りにして一気に投資先進国となる可能性もある。

　投資家が増加し、ETFなど金融商品の厚みが増してきたのちには、ロボアドバイザーなど資産運用に関わるフィンテックの開発・普及も進むことが想定されよう。

4.3 米国・欧州：国境を越えた人材流動化を支える格安海外送金サービス

　フィンテックサービスの中で、日本ではあまり意識することがないが、海外では大変に注目を集めているのが、海外送金サービスである。送金の目的は仕送りや海外の製品・サービスの購入に伴う送金などがあり、海外送金を行う主

主な送金国		主な受取国	
米国	563	インド	722
サウジアラビア	369	中国	639
ロシア	326	フィリピン	297
スイス	247	メキシコ	257
ドイツ	208	フランス	246
UAE	193	ナイジェリア	208
クウェート	181	エジプト	204
フランス	138	パキスタン	201
ルクセンブルグ	127	ドイツ	175

図表4-7　個人海外送金の主な送金国と受取国（億ドル／2014年・2015年[135]）

134　The Boston Consulting Group「Global Asset Management 2017」
135　世界銀行「MIGRATION AND REMITTANCES FACTBOOK 2016」送金国の数値は2014年、受取国の数値は2015年。

体は個人から大企業まで幅広い。このうち、個人の海外送金の状況を見ると、主な送金国は米国、欧州の先進国、中東諸国の占める比率が高く、受取国ではインド、中国を始めとした新興国が中心である。すなわち、海外送金は先進国に移住した移民や出稼ぎ労働者から母国に送られるものが多くなっている。

フィンテック以前の海外送金は銀行や国際送金サービス事業者を利用することが一般的であったが、国をまたぐことで関わる関係機関が多く、為替取引も必要となる。結果として、送金手数料、為替手数料、受取手数料といった費用が高く、お金の受け取りまでに時間がかかることが課題であったが、こうした課題の解決を目指すフィンテックサービスの普及が始まっている。

海外送金を手掛ける代表的なフィンテック企業のTransferWiseは、ある国の中で同じ通貨を買いたい人と売りたい人をマッチングさせる事で解決を図っている。これであれば、送金予定の資金が実際に国を「離れる」ことはないため、SWIFT[136]やコルレス銀行[137]など仲介機関に支払う諸手数料を省くことができる。通貨の買い手と売り手の需給を完全に合致することはできないので、必要な流動性をTransferWiseが供給して補完することで顧客の注文を満たしている。また、TransferWiseが用いる外貨両替レートは銀行のように独自にレートを設定するのではなく、外為市場でのレートである「インターバンク・レート」を利用する。外貨両替の段階では手数料は課さず、少額の最低手数料と、送金金額の1%を下回る水準での手数料を請求する。世界銀行の調査によると2017年7-9月における海外送金の世界平均コストは送金額の7.2%であり[138]、TransferWiseのコストの安さがわかる。

海外送金を手掛ける代表的な企業を見ると、銀行に加えて、伝統的な国際送金サービス事業者、フィンテック企業が存在している。伝統的な国際送金サービス事業者には、米国のWestern Union、MoneyGram、Ria、中東のUAE Exchangeなどがあり、多数の国・地域に設置された数十万カ所の拠点・代理

---

[136] Society for Worldwide Interbank Financial Telecommunication　各国の金融機関に金融通信メッセージサービスを提供する標準化団体
[137] Correspondent Bank　外国送金で、通貨の中継地点となる銀行
[138] 世界銀行「Remittance Prices Worldwide issue23」

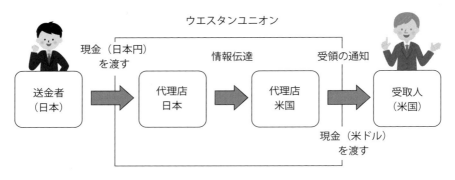

図表4-8　Western Union　現金送付の例

店を通して、送金業務を行っている。

　その仕組みは、例えばWestern Unionで現金を送付する場合、現金の送付者がある代理店で現金を渡し、代理店は受取人の最寄りの代理店にメッセージを送り、代理店は受取人に資金の受領を知らせ、受取人が代理店に来たら、現金を支払うというものである（実際には現金以外に銀行口座・ATMを利用することもできる）。

　一方、フィンテック企業では、英国を本拠地とするTransferWiseやWorldremit、米国を本拠地とするXOOM、Transfast、Remityなどがある。これらのフィンテック企業は基本的にオンラインでサービスを提供し、物理的な代理店・拠点を抱えないところが、伝統的な国際送金サービス事業者との大きな違いになっている。

　現状の国際送金量について、SaveOnSend社がまとめたデータを見ると[139]、米国のWestern Unionの送金量が圧倒的に多く、次いでUAE Exchange、MoneyGram、Ria、TransferWiseといった順になる。フィンテック企業では、9番手にXOOM、10番手にTransfast、12番手にRemity、13番手にWorldremitの名が上がる。その他、JPMorgan ChaseやBank of America、Wells Fargoといった大手銀行の送金量も多い。このように、現状では伝統的国際送金サービス事業者の存在感が圧倒的に大きく、それにTransferWiseが急速に

---

[139] SaveOnSend社ブログ2017年11月5日「Money Transfer Startups: race against time?」

食い込んでいるという形である。

　ただ、新興国でもスマートフォンの普及とキャッシュレス化が進む中で、多数の拠点の存在を強みにしてきた伝統的な国際送金サービスは、その拠点が逆に負担になる可能性がある。拠点やそこで働く人々の費用は、フィンテック事業者にはかからないため、コスト競争力が増すのである。また全てがデジタルで完結するため、スピードも速くなる。コスト競争力やスピードを武器に、これまで銀行や伝統的な国際送金サービスが担ってきた国際送金を、一気にフィンテック事業者が奪っていく可能性はあるだろう。

　フィンテック企業同士の違いでは、対応する国、為替の種類の多さも重要となる。TransferWiseとRemityは同じ2012年の創業だが、現在の送金量には差がついており、その背景としてRemityが米国・フィリピン間の送金を軸にし、他のルート展開が遅れたことが指摘されている。

　規模のメリットが働きやすいビジネスであり、先行するTransferWiseなどの優位性が高く、新しく参入する企業などはマイナーな通貨への対応など、ニッチ分野での生き残り策も必要と考える。

4.4　欧州：英国で進む銀行のデジタル革命

　英国の銀行業界は合併の歴史を持ち、1960年代には30行近くあった大手銀行が、現在ではHSBC、Barclays、Lloyds、RBS（The Royal Bank of Scotland）、Nationwide、Santandelといった銀行に集約されてきた。これらの銀行は、預金や融資額でも大きなシェアを占めており、寡占化による参入障壁の高まりや消費者の選択肢減少などを問題視する声が高まってきた。

　こうした大手銀行の寡占状態を打ち破ることをめざし、近年になって、新しい銀行：チャレンジャーバンクの市場参入がクローズアップされている。このチャレンジャーバンクにはいくつかの形態があり、①既存の中小銀行にプライベートエクイティなどが出資し、従来型ではあるが地域密着でニーズをくみ取る銀行、②特定業種の中小企業向けなどニッチ分野でサービスを展開するスペシャリスト型銀行、③音楽・航空大手のVirgin Groupが設立したVirgin Moneyや小売業大手のTESCOが手掛けるTesco Bankなど銀行以外の大手企

業が参入し設立した銀行、などがある。

そしてチャレンジャーバンクの中でも最も注目を集めているのが、支店やATMを極力持たずインターネットやモバイルを通じて銀行サービスを提供するデジタルオンリー銀行である。主な銀行としては、Atom Bank、Monzo[140]、Starling、などがあるが、3行ともに最近に銀行免許を取得し事業を開始したところである。

デジタルオンリー銀行の中でも先駆けといえるのは、Atom Bankである。2014年に創業、2015年に銀行免許の獲得を経て、2016年にiPhoneのアプリ提供でサービスを開始した。現在は預金商品として1年、2年、3年、5年の年限の定期預金を受け入れており、貸出では外部ブローカーと提携して住宅ローンの提供や、Business Banking Secured Loans（企業向け担保付ローン）を開始するなど、急速にサービスを拡充している。

Monzoは、支店やコールセンターを持たずスマートフォンのアプリを主な

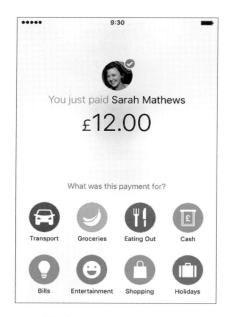

図表 4-9　MONZO　支払をアプリで確認し、費用を項目分け（同社 HP）

140　2016 年に Mondo から Monzo に名称を変更。

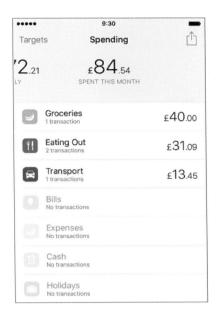

図表 4-10　MONZO アプリ上で費用の項目別集計を確認（同社 HP）

顧客との接点としている。顧客には当座預金とデビットカードを無料で提供し、口座から支払を行うと即座にスマートフォン上で通知されるほか、食料品、外食、交通費など費用を項目ごとに分類・集計し、わかりやすく表示してくれる機能を備えている。Monzoの利用者間では無料で即時送金を行うこともでき、カスタマーサポートもアプリ上のチャットで受けられる。収入面では、現在は店舗におけるデビットカード利用時の手数料が中心となっているが、短期間で少額の融資を提供するスキームの導入を目指している状況だ。

　Starlingも、特にモバイルに特化したサービス提供を進めており、提供する当座預金口座では、Monzoと同様に支払の即時通知や費用分類、保有する資産の内訳などを一目でみられるようなサービスを提供している。
　こうしたチャレンジャーバンクの増加には、政策面での後押しも大きい。大手銀行が必ずしも顧客のニーズを満足させることが出来ていない中で、企業間競争を通じたサービス向上を図るための新規参入促進策が導入された。特に2013年に、新規参入行に係る資本規制・流動性規制の緩和や認可プロセスの

改善、さらに当座預金スイッチサービス[141]の導入も行われたことは、チャレンジャーバンクの参入を大きく促進した。

チャレンジャーバンク、中でもデジタルオンリー銀行は大変に注目を集めているところだが、課題も多いと考える。特にMonzoやStarlingは、預金者の口座数の獲得を積極的に行っているが、集めた資金を融資・運用するスキームが定まっていないように見える。今後は融資の提供などを進めていくとするが、企業として収益源の確保は最優先課題となろう。

また、Virgin Moneyが個人金融管理用アプリのVirgin Redを提供開始するなど、大手銀行や他のチャレンジャーバンクもスマートフォンを軸にしたサービス充実化を図っている。

EUでは、2018年にも決済サービス指令の改正によって、銀行が持つデータをフィンテック企業などに開放する義務が発生する（第六章参照）。これを受けて、既存の大手銀行も、フィンテック企業との連携などを通じてデジタル化を進めることは必至である。

デジタルオンリー銀行にとって、支店やATMといった資産を持たないメリットを事業運営に生かし、また新しい顧客体験をどこまで開発・提供できるかが、今後の事業発展のカギとなろう。

4.5　インド：立ち上がる巨象 デジタル・インディアとフィンテック

中国でフィンテックの活用が進んでいることはこれまで見てきたが、中国に次いで人口の多いインドでも、フィンテックの利用が動き始めている。スタートアップ企業の数も2015年で100社を超え、増加の速度は加速しているようだ[142]。

最も変化が大きいのは決済分野であり、現金中心からスマートフォンのアプリを利用したモバイル決済への移行が始まっている。そのトリガーとなったの

---

141 Current Account Switch Service 当座預金の銀行間移管を7営業日以内に完了するシステム
142 NASSCOM資料及びヒアリング

が2016年11月9日に発表された高額紙幣の廃止（demonetization）で、発表から4時間で500ルピー札と1,000ルピー札が法定通貨ではなくなり、新紙幣との交換か銀行口座への預金を求められた。申告されていない収入や資産のあぶり出しが大きな目的であったが、廃止された紙幣は発行紙幣価値の80％を超える規模に至り、社会に大きな衝撃を与えることとなった。当初、新紙幣の発行がスムーズではなかったこともあって、人々はモバイル決済に注目し、利用を開始した。

　代表的なモバイル決済にはPaytmがあり、利用者登録数はすでに2億5,000万人に至っている。運営会社のOne97Communicationsにアリババが出資していることもあって、そのサービスはアリペイとよく似ており、スマートフォンのアプリを使って、店舗でのQRコード決済や利用者同士の送金、公共料金の支払いなどが可能である。さらにアプリ上では独自にイーコマースも提供しており、商品の注文から代金支払いまで一気通貫で行うことができる。また映画チケットや鉄道の乗車券の予約・購入などもアプリ上で行うことが可能になっている。

図表4-11　Paytmアプリ上で様々な機能が選択できる（筆者撮影）

図表 4-12　Paytm アプリから QR コードを撮影し支払へ（筆者撮影）

　Paytm 以外にも Freecharge や Mobikwik など多くのモバイルウォレットがサービスを開始し、全国での事業展開を進めている。

　このように人々の認知度も高まり、利用も進んでいるモバイル決済だが、中国のようにどこでも使える、といった状況には至っていない。例えば、Paytm についても本拠地のあるデリーでは比較的小さな店舗でも対応しているところが多い一方、ムンバイでは小さな土産物店に尋ねるとそのほとんどが対応していないなど、地域や店舗の規模等による利用の差が大きいようだ。

　中国との違いについては、まずアリペイやウィーチャットペイのような圧倒的なシェアを獲得する主体の不在がある。決済では皆が同じ仕組みを利用することが普及の鍵になるが、多くのサービスが並立することで、利用者・店舗共にどの仕組みを使うか迷ってしまい、結果的に現金利用に戻っていることが考えうる。Paytm が最も代表的なサービスではあるが、圧倒的な存在と言われるまでにはまだ時間がかかるだろう。

　またモバイルインターネット環境の違いも背景にある。ITU の調査によると

図表 4-13　Paytm が利用可能なムンバイの履物店（筆者撮影）

2015年の人口100当たりのモバイルブロードバンド利用者は、中国の56人に対し、インドは9.4人に留まっている[143]。実際にムンバイでもスマートフォンのデータ通信がうまくつながらない、切断されるといった意見が聞かれ、こうした不安定な通信環境の下でお金のやり取りをするのに不安を感じる人も多いはずだ。

　さらに国民のICTリテラシーも課題の一つだ。最も基本的な教育水準を表す識字率を取ってみても、中国の96％に対し、インドは71％と差が生じており[144]、人々のスマートフォン上で複雑な金融サービスを使いこなす知識・スキルにも差があると考えるのはあながち間違いではないだろう。

　インド政府は、フィンテックの利用を含めた金融サービスの普及を積極的に推進している。特に銀行口座の普及に向けては、かねてから様々な施策を打ち出しており、例えば銀行の支店がない地方でも銀行のサービスを提供できるようにするBusiness Correspondence（銀行サービス提供代理業者）の導入、国民IDであるAadhaarを使った銀行口座開設プロジェクトPMJDY[145]などがある。

　Aadhaarはインドの全住民に付番する識別番号であり、国内の汎用的な身分証明書として機能し、様々な行政サービスや社会保障給付金、銀行や携帯電話等の口座と結びつけることができる。Aadhaarは、指紋や目の虹彩など生体情報を一緒に登録することで本人確認の精度をより強固なものにしていることも特徴だ。Aadhaarの付番は2010年9月から行われ、2017年10月末の累計登録数は11億8,660万件であり[146]、インド国民の9割に当たる人々が既に登録を行っている。

　2014年8月にモディ首相が開始した銀行口座普及のためのプロジェクトであるPMJDYでは、このAadhaar番号と紐付いた銀行口座[147]（AEBA）を導入し

143　ITU「The State of Broadband:Broadband catalyzing sustainable development September 2016」
144　CIA「The world fact book」
145　Pradhan Mantri Jan Dhan Yojana
146　Unique Identification Authority of India (UIDAI) のデータ
147　Aadhaar Enabled Bank Account: AEBA

図表 4-14　Paytm、freecharge、UPI の 3 種類の決済が利用できる薬局

た。AEBA では「入金」「出金」「送金」「残高照会」「少額の借入」といった取引が可能で Aadhaar 番号が口座番号となり、取引は指紋による生体認証のみで行われ、読み書きのできない農村地域の住民でも取引が行えるようにしている。また、政府が社会保障給付金や補助金を AEBA に振り込む給付金直接支払い制度（Direct Benefits Transfer）なども導入されている。

さらにインド準備銀行主導で設立された国内決済会社の NPCI[148] は、携帯電話を決済に活用できる UPI[149] の導入を進めている。また RuPay というカード決済サービスを提供しており、発行される RuPay デビットカードの認証に Aadhaar を使うことが可能である。

より全体的な政策動向として、2014 年 8 月に発表した国家の基本的な ICT 政策「デジタル・インディア」が掲げる 3 つの目標を見ると、金融サービスの電子化やキャッシュレス化を進める意思が明確に表されている。

・すべての国民に対するデジタルインフラの提供：高速インターネットの整備、デジタルインフラを通じた身分証明、移動電話及び銀行口座等の電子化

148　National Payments Corporation of India
149　Unified Payment Interface

第四章　地域のニーズを取り入れたフィンテックサービスの発展　　111

・行政サービスのオンデマンド化：オンライン及びモバイルを活用したリアルタイム行政情報提供、金融サービスの電子化及びキャッシュレス化
・デジタル化による国民のエンパワーメント：ITリテラシーの向上、行政文書等のクラウド化、政府機関の共通デジタルプラットフォーム利用

　また、インドの中央銀行であるインド準備銀行（RBI）も、国内決済システムの整備の方向性を示す「Vision-2018」の中で、レス-キャッシュなインドに向けて、柔軟な規制対応・頑健なインフラ整備・効率的な監督を通じた決済システムの構築を掲げるなど、政策関係者全員がキャッシュレスを向いている状態と言える。

　ただ、様々な政策が導入されることは、決済などで複数の仕組みを併存させる可能性を高め、前述のように利用者に戸惑いを与えることにもなりかねない。
　圧倒的な人口と金融サービスを十分に利用できていない人が多いインドは、フィンテックサービスを手掛ける事業者にとってまさに豊穣の地となる可能性を秘めた国である。しかし十分な普及・活用には越えなければいけない障害も多く、サービスの普及速度が思っているよりも遅い、といったことは十分に覚悟しておく必要がありそうだ。

第五章
誰がフィンテックサービスを担うのか

　第一章でも述べたが、フィンテックのメインプレーヤーは、やはりスタートアップ企業だ。自社のICT技術に強みを持ち、自ら構築したシステムを用いて直接消費者に金融サービスを提供する企業も多く登場している。

　フィンテック専業のスタートアップ企業ではないが、GoogleやAmazonなどに代表される大手インターネット企業も決済などの分野では大きな存在感を示し、特に中国ではアリババやテンセントといったインターネット企業がフィンテックサービスの主な提供者になっている。

　既存の金融機関も重要な役割を果たしている。繰り返しになるが、2015年頃にはスタートアップ企業を既存の金融機関の破壊者とする見方が強まり、「Silicon Valley is coming（シリコンバレーがやってくる）」という言葉が広く知れ渡った。ただ、現在では、多くの金融機関がスタートアップ企業を重要なパートナーとし、提携や買収などによって、技術やサービスを自らのサービスに組み込み始めている。

　インキュベータやアクセラレータなどスタートアップ企業を育成するためのインフラも整備され、多くの政府・監督機関もフィンテックサービスを支援する立場を示している。

　前章までフィンテックの主要分野の動向を追う中で既に多くのプレーヤーの存在にも触れてきたが、スタートアップ企業、インターネット企業、金融機関の関わり方は、国や地域ごとに異なる部分も多い。本章ではそれぞれ国・地域における代表的なプレーヤーの在り方に焦点を当てて、見ていきたい。

5.1 米国：スタートアップ企業が業界をリードする

　米国では多くのスタートアップ企業がフィンテックサービスを独自に提供し、存在感を示している。企業数について統計などはないが、2015年時点で少なくとも4,000社のスタートアップ企業が存在するとの報道がなされており[150]、現状ではさらに企業数が増加していることが推測される。

　ベンチャーキャピタルのH2Venturesとコンサルティングを手掛けるKPMGが共同で発表している2017年のFintech100のうち、業界を代表するLEADING FINTECH50[151]を見ると、米国の企業は14社がランクインし、他の地域を上回っている。

　株式市場に上場している企業もあり、**図表5-1**の中ではSquare、LendingClub、OnDech、それ以外ではPayPalなどがある。

　フィンテックでは、早くからAmazonやGoogleなど大手インターネット企業の取り組みに注目が集まったが、今のところ米国の大手インターネット企業の存在感は、一定程度に留まっている。

　Googleは、先述の通り、Android Payで決済サービス提供しているほか、同社のベンチャー投資ファンドであるGoogle Venturesを通じて、フィンテック企業にも投資を行っている。

決済	Square, Stripe
融資	Avant, SoFi, Kabbage, Affirm, Lending Club, Prosper, OnDeck
資産管理	Robinhood
保険	OSCAR、Clover Health
仮想通貨	Circle, Coinbase

図表5-1　「Leading FinTech 50 2017」における米国のフィンテック企業

150　The Economist　2015年6月「Why fintech won't kill banks」
151　FINTECH100のうち、LEADING50に分類された企業。残り50社は比較的新しい企業からなるEmerging50となっている。

AppleもApple Payの提供など決済分野で動いている。iPhoneなど同社製品はフィンテックサービスの提供に重要な役割を持つが、サービス面ではApple Pay以外に目立った取り組みは見られない。

Amazonは、販売事業者が仕入・販売をするAmazonマーケットプレイスにおいて、参加している販売事業者に対して運転資金を融通する「Amazonレンディング」サービスを提供している。また、金融情報を手掛けるThomson Reutersなどと共同で、フィンテックのサポートプログラムFinTech Sandboxをボストンで提供している。

Facebookは、メールサービスのMessengerを介して利用者同士で送金を行えるサービスを提供し、また外部企業がメッセンジャー上で動作するアプリを開発できるようにAPIを公開している。

フィンテック企業を飲み込む既存金融機関

米国では一般的に企業買収等への心理的なハードルが低く、既存金融機関が、フィンテック企業の持つ先端技術を取り込み、顧客とのインターフェイスの向上などを積極的に行うことは、当たり前のこととして捉えられている。先述のように金融機関にとって今後重要な顧客層となるミレニアル世代は、自らが利用する銀行に対する愛着・忠誠度が低いと言われており、また技術進歩に伴って顧客が銀行を乗り換えることも容易になっているため、米国の銀行は顧客をつなぎとめるために顧客満足度を大変に重視し、そのための技術変化を積極的に取り入れている。

金融機関によるフィンテック企業への対応策では、育成・提携・出資・買収といった手段が考えられる。育成では、設立したばかりのスタートアップ企業をサポートするアクセラレータプログラムの導入やインキュベータが代表的だろう。

米国の銀行が導入するアクセラレータとしてはウェルズファーゴ銀行のWells Fargo Startup Acceleratorが有名で、サンフランシスコの拠点において、6ヵ月間のアクセラレータプログラムの提供や各種専門家によるサポート、有望企業には出資も行っている。欧州系銀行でも、ドイツ銀行やBarclays銀行が欧州拠点に加えてニューヨークなどに拠点を構えて、企業育成、情報収集などを図っている。

> **コラム** アクセラレータとインキュベータ
>
> 　アクセラレータプログラムは通常、数週間から数ヵ月というあらかじめ設定された期間の中で、参加企業がメンターや専門家と協力し、ビジネスの拡大を図ることになる。プログラムへの参加は公募が中心だが、トップレベルのプログラムは通常、選考が非常に厳しいと言われている。インキュベータは、通常、アクセラレータに参加する会社よりも若い段階にある会社を対象とし、期間を定めずに支援を行う。多くの場合、インキュベータプログラムに参加するスタートアップ企業は、特定のコワーキングスペースに移り、インキュベータ内の他の会社とともに仕事をすることになる。一方、アクセラレータプログラムには、コワーキングスペースの提供は含まれないことも多い。

　金融機関とフィンテック企業の提携では、金融機関側からは多数の顧客や積み上げてきた信用、フィンテック企業の持つ技術やユーザーインターフェイスなどといったお互いの強みを提供しあう。特に、銀行とオンラインレンディング企業、資産運用会社とロボアドバイザー企業の提携が多く、オンラインレンディングとの提携では、銀行の顧客の中でやや信用度の低い顧客を紹介するケース、ロボアドバイザーではフィンテック企業のサービスを自社サービスに取り込んで提供することが多い。

　金融機関によるフィンテック企業への出資や買収も大変に活発だが、KPMGによると2017年の買収案件は2015年や2016年と比較するとややトーンダウンしている[152]。

　多くの既存金融機関がフィンテック企業との連携を模索する中で、自らデジタル化を進める金融機関もある。日本ではあまりなじみがないが、全米で資産

---

[152] KPMG The Pulse of Fintech 2017 3Q
[153] レンディングは2017年3月LendITでのOnDech資料、ロボアドバイザーはFinancial Technology Partners「WEALTHTECH」

レンディングでの提携例			
フィンテック	既存金融機関	フィンテック	既存金融機関
onDech	Chase	Kabbage	ING
Funding Circle	Santander	PROSPER	RADIUS Bank
Lending Club	Citi	AVANT	REGIONS

ロボアドバイザーでの提携例			
フィンテック	既存金融機関	フィンテック	既存金融機関
SIGFIG	UBS Wells Fargo	Future Advisor	RBC, US bank, LPL Financial
Marstone	Pershing Fiserv	nextcapital	TRANS AMERICA John Hancock RBC

図表 5-2　フィンテック企業と既存金融機関のパートナーシップ [153]

　規模が8位[154]のCapital One銀行は、顧客の大半がインターネットを通じてサービスを利用しているという。クレジットカードローンを収益の柱としているが、2013年には当時のRichard Fairbank CEOが、「Digital is who we are and how we do business」（デジタル化こそが我々の進む道である）と述べるなど、積極的なデジタル化を進めている。

　かつては効率化のためにICTシステム開発の多くをアウトソースしていたが、現在では社内にノウハウを蓄積し顧客とのインターフェイスを素早く改善するために社内開発中心に切り替え、多くのICT人材を積極的に採用している。M&Aや提携、ファンドによる投資にも積極的であり、これまでにオンラインバンキングを手掛けるING Directの米国法人、モバイル端末を使った地理情報処理サービスを手掛けるBankonsなどを買収している。

　米国では、政府が音頭をとってフィンテックの支援団体を設立するような動きは見られないが、民間レベルでフィンテックを支援する動きが見られる。金融機関以外が設立したフィンテックを支援する代表的なアクセラレータやインキュベータには、大手コンサルティング会社のアクセンチュアが運営するFin-Tech Innovation Lab、シリコンバレーの老舗インキュベータであるPlug and

---

154 FRBプレスリリース 2017年6月30日時点

図表 5-3　Plag and Play の壁には、同施設出身でエグジットに成功した企業のパネルが飾られている。（筆者撮影）

Play Tech Centerなどがある。アーリーステージの企業への出資を得意とするベンチャーキャピタルのY Combinatorなども、シリコンバレーでスタートアップ企業を中心としたネットワーキング活動を展開している。

　Plug and Play Tech Centerの例で見ると、フィンテック企業に対し12週間のアクセラレータプログラムを年に2回提供している。1,000社近い申込み企業の中から20〜25社を選出するという、かなり高いハードルになっている。

　パートナー企業には、JCB、オリココーポレーション、三菱UFJフィナンシャルグループ、三井住友銀行、農林中金、日立製作所など多くの日本企業も参加している。コワーキングオフィスも提供しており、IoTやヘルスケアなど様々な業種の300社以上のスタートアップ企業が入居している。カフェや会議室などもあり、様々なイベントが開催されている。

　Plug and Playの強みは、その排出した企業にもあり、現在の拠点に移る前のオフィススペースには、Google、PayPal、Logitechなどが入居していた。米国のフィンテックを代表する企業の一社であるLendingClubも同社施設を利用しており、こうした卒業企業とのネットワークも、現在プログラムに参加しているスタートアップ企業にとって重要な資産になっている。

5.2 中国：アリババとテンセントが支配する世界

　中国のフィンテック（インターネット金融）では、大手インターネット企業が業界をリードしており、スタートアップ企業と銀行などの金融機関が主役である欧米とは違った勢力図となっている。

　これには過去からの中国政府の政策も影響している。2001年に批准された公安の情報化を進めるプロジェクト「金盾工程」では、インターネット検閲システムが導入され、中核機能として「防火長城」と呼ばれる国内外のインターネット通信接続を規制・遮断する機能が設けられた。これにより、FacebookやTwitter、Googleなどの利用が制限され、中国発のインターネット企業の成長につながった。

　インターネット金融が成長を始めた2010年代以降には、既に中国企業がインターネットサービスを提供する状態が形づくられていたため、海外のフィンテック企業ではなく中国企業がインターネット金融サービスのけん引役になったのである。

　大手インターネット企業の中でもアリババとテンセントは第三者決済からモバイル決済、資産運用といった流れでサービスを拡大し、圧倒的なポジションを獲得している。他、検索大手の百度（バイドゥ）は金融事業を子会社の百度金融服務事業群組（Baidu Financial Service Group）に集約して追い上げを図っているほか、大手イーコマース企業である京東商城や蘇寧電器などがインターネット金融を強化している。ただ、アリババ、テンセントとは圧倒的な差があるのが実情だろう。

　図表5-4では中国国民が日常でよく利用するアプリを掲載しているが、テンセントが提供する微信（ウィーチャット）とQQが圧倒的に多く、特にウィーチャットは80％近い人々がよく利用すると答えている。3番手に上がるのは、アリババが運営するイーコマース事業の淘宝（Taobao）のアプリ、4番手は、バイドゥが提供するアプリ、5番手にはアリババが提供する決済サービスの支付宝（アリペイ）が入っている。このようにモバイルインターネット領域で圧倒的な存在感を持つアリババとテンセントは、その知名度や集客能力を活用

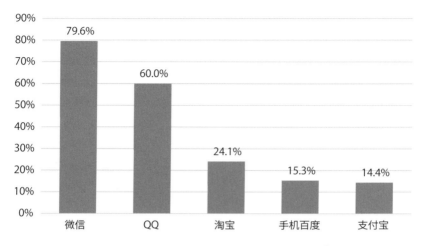

図表 5-4　2016 年に中国国民がよく利用したアプリ [155]

し、インターネット金融サービスの提供という点でも大きな存在を示すことができている。

バイドゥについては、検索サービスの提供が中心で個人アカウント・口座の開設に結びつきにくかったことが、金融サービスの提供でアリババやテンセントの後塵を拝した主な要因とされている。

アリババとテンセントの金融事業をまとめておきたい。アリババは、B2B のマーケットプレイスであるアリババドットコムに始まり、B2C や C2C のマーケットプレイス、決済サービス、クラウドコンピュータなど幅広いサービスを提供している。地域的に見ると、中国全土に加え、インド、日本、韓国、英国、米国など、世界に幅広く事業を展開している。

金融事業の主軸となるサービスは、第三者決済サービスのアリペイで、淘宝（Taobao）や天猫（Tmall）など自社グループのサービスに加えて、他企業が提供するイーコマース、オンラインゲーム・音楽・映像の料金の決済に用いることができる。先述の通り QR コード決済では、小売店舗に加えてタクシーや

---

155 中国互联网络信息中心（CNNIC）「China Statistical Report on Internet Development 第 39 次」

病院など幅広い場所で利用可能であり、個人間の送金、支払の割り勘といった機能も持つ。アリペイのアクティブユーザー数は5.2億人に至っている[156]。

投資分野では、先述したインターネットMMFの余額宝に加えて、他の金融機関が提供する様々な金融商品を提供する招財宝というサービスも提供している。余額宝の年間累計利用者数は3.3億人である[157]。

融資関連では、マイクロクレジットのMYBANK、クレジットスコアである芝麻信用を提供、他に企業の信用度のスコアリングも行っており、金融機関や他の法人顧客向けに提供・利用されている。

図表5-5では、これらアリババのインターネット金融サービスのつながりを示している。もともとイーコマース向け第三者決済サービスとして開始されたアリペイだが、口座の余剰資金を活かして余額宝や招財宝など資産運用サービス、グループ企業のMYBANKでの融資資金の受け入れ、QRコードを使った実店舗での決済など、様々な金融機能と連動し、一体的にサービスが提供されるようになっている。

テンセントは、QQやウィーチャットなどSNSツールを中心に、オンラインゲーム、情報ポータルなどを提供している。2017年7-9月期におけるQQの月

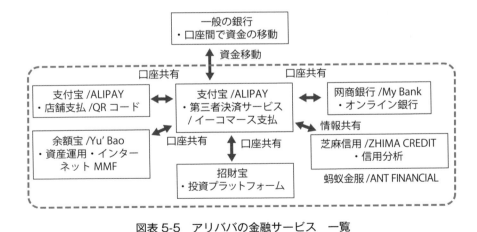

図表5-5　アリババの金融サービス　一覧

156　2017年3月までの1年間平均、アリババ2017InvesterDay 資料
157　2017年3月までの1年間、アリババ2017InvesterDay 資料

間アクティブユーザー数は8.4億人、ウィーチャットの月間アクティブユーザー数は9.8億人と大変に多くの人々が同社サービスを利用している[158]。両サービス共に利用は無料で、アプリ上ではテキストや映像、音声による対話、映像・写真等の共有が可能、ゲームも提供されている。特にアプリを通じて提供するオンラインゲームが同社の収益の大きな柱になっている。

テンセントが提供する金融サービスは、おおよそアリババが提供するサービスと同様である。まず第三者決済サービスとして、QQ銭包（QQwallet）やウィーチャットペイがあり、イーコマースや店舗でQRコードを利用した支払いなどが可能だ。またスマートフォンのアプリ上から、携帯電話や公共料金の支払い、チケット予約や、同社が提供するゲーム等有料サービスの利用料金を払うこともできる。

中国ではご祝儀やいわゆるお年玉を紅包といい、特に春節では目上の人から目下の者や子供などにあげることが一般的に行われる。この紅包をウィーチャットペイの口座を通してやり取りする電子版紅包を2011年から提供しており、2016年では80億以上の紅包がやり取りされたという。さらにテンセント自らもウィーチャットの紅包抽選イベントである「揺一揺」、QQウォレットの紅包抽選イベントである「刷一刷」を開催し、数億元規模の金額を抽選で利用者に還元している。

また、前出のインターネットMMFの理財通、マイクロクレジットのWeBankといったサービスも提供している。

こうしたサービスは、全てスマートフォンのアプリ上でまとめて提供されている。ウィーチャットペイのスマートフォンアプリを見ると、QRコードを利用した支払（画面上ではクイックペイ）、資産運用の理財通、お年玉・送金の紅包、寄付を行う騰訊公益などが連動していることがわかる。生活繳費では、水道光熱費など生活にかかる様々な費用を支払うことも可能である（**図表5-7**）。城市服務からは、病院の予約、飛行機チケットの予約や購入、タクシーの呼出し・支払、地域情報の入手などができるようになっている。

---

158 同数値は同社全体の数字であり、中国に限ったものではない

図表 5-6　ウィーチャットペイアプリの画面　（筆者撮影）

図表 5-7　ウィーチャットペイアプリ　生活繳費の画面（筆者撮影）

既存金融機関のトップランナー　中国平安保険集団（ピンアンインシュアランス）

　中国のインターネット金融では、アリババやテンセントの動きが目立つ一方で、既存金融機関の動きはあまり見えてこないのが実情だ。そうした中で気を吐いているのが、中国平安保険集団である。

　同社は1988年の創立で、現在は生命保険及び損害保険事業を中心に銀行、投資信託、証券会社などを傘下に抱える総合金融サービスグループである。インターネット金融への取り組みを積極的に進めており、2011年にP2Pレンディングを手掛ける陸金所（Lufax）を傘下に収め、2016年には、保険・銀行・投資（証券）に加えて、インターネット金融を第四の主要事業と位置付け、強化を進めている。提供する主なサービスは、P2Pレンディングの陸金所（Lufax）、決済サービスの壹銭包（Qianbao）、万里通というロイヤリティポイントプログラムなどである。

　2013年にはアリババやテンセントと共同で中国初のインターネット専業の損害保険会社"衆安保険"を設立している。衆安保険の保険収入の約3割を占めるのが、アリババの淘宝（Taobao）や天猫（Tmall）で購入した商品に故障や欠陥が見つかった場合に返品送料を保証する保険である。消費者は少額の保険料を負担すれば送料を保証してもらえ、売り手側が顧客サービスとして保険料を負担するケースもあるという。加入から保険料の支払いまでネット上で完結でき、アリペイやウィーチャットペイでの保険料支払いもできる。2017年9月には、この衆安保険が香港市場で初のフィンテック銘柄として上場を果たし、注目されている[159]。

　中国のインターネット金融を担う3社を紹介してきたが、3社のCEOはそれぞれ名前に馬が入っており、中国のインターネット金融をけん引する「三馬（サンマー）」と呼ばれている（アリババ：馬雲CEO、テンセント：馬化騰CEO、中国平安保険：馬明哲CEO）。現状でアリババ、テンセントの2強と中国平安保険の勢いを脅かす企業はなかなか見当たらず、当面は「三馬」の時代が続いていくであろう。

159　衆安保険については、日本経済新聞9月29日

5.3 欧州：スタートアップ企業を支える環境が充実

　欧州の状況を見る上では、まず欧州のフィンテックの中心である英国の事情を見る必要がある。英国におけるフィンテックは、米国同様にフィンテックのスタートアップ企業と既存金融機関、インキュベータなどが支えている。ただ、第一章でも見たように、米国と比べるとその規模は小さいというのが正直なところだろう。

　英国を代表するフィンテック企業をFinTechCityがまとめた殿堂入り企業（The Hall of Fame）から見てみる（FinTechCityとFinTech50については後述）。

　まずオンラインレンディング事業者ではZopaとFundingCircleがあり、特にZopaは2005年創業でオンラインレンディング事業の先駆けと言える存在である。Zopaは消費者向け融資、FundingCircleは主に中小企業向け融資の組成を行うところが大きな違いとなっている（第三章参照）。

　2009年の創業のeToroは、スマートフォンなどオンラインで為替、商品、株式のCFD取引のプラットフォームを提供し、170カ国以上に450万人の顧客を抱えている。投資家は儲かっている他の投資家のトレードをコピーすることができ、コピーされた投資家は報奨金を獲得することが出来るというユニークな仕組みが大きな特徴である。

　Nutmegは、2010年創業の英国を代表するロボアドバイザー事業者であり、手数料率の安さを売りにしている。

　TransferwiseとWorldRemitは共に2010年創業の国際送金サービス事業者であるが、規模でみるとTransferwiseが大きい。

　Currency Cloudは国際送金エンジンをクラウドで提供しており、AZIMOなど国際送金サービス業者やFidorbankのようなデジタルオンリー銀行が同社の顧客となっている。同社のエンジンを使って、毎年100億ドル以上の決済が行われるという。

　こうした企業は既にスタートアップという時期を超え、人々の生活の中にしっかり根を下ろしてサービスを提供している。

英国におけるベンチャーキャピタルのフィンテック企業への投資動向からも、足元でのサービス別の傾向が見て取れる。全体の投資金額は2015年の13.3億ドルから2016年は8億ドルと減少したが、2017年1-6月には前年比＋37％の5.6億ドルとなった[160]。

　分野別の構成比をみると、オンラインレンディングに代表されるオルタナティブレンディングの構成比が最も大きいが減少傾向にある。一方で、チャレンジャーバンクの構成比が上昇している。

分野	2017年 1-6月	2016	2015
オルタナティブレンディング	28%	29%	34%
チャレンジャーバンク	25%	20%	12%
資産管理	13%	10%	12%
企業ソフトウェア	9%	5%	1%
送金＆FX	5%	10%	25%
Prop-Tech	4%	—	—
決済	3%	6%	4%
RegTech	3%	3%	0%
資本市場関連	3%	2%	5%
金融包摂	2%	3%	0%
保健（InsurTech）	2%		
クラウドファンディング	1%	6%	4%
仮想通貨＆ブロックチェーン	1%	6%	0%
サイバーセキュリティ	—	2%	1%
データアナリティクス	—	0%	2%

図表5-8　ロンドン　フィンテック企業への投資　分野別の構成比 [162]

---

160 Innovate Finance「The H1 2017 VC FinTech Investment Landscape」
161 Financial Inclusion：あらゆる階層の人々がひとつの仕組みの中で、一人ひとりに合った金融サービスが利用できる
162 Innovate Finance「The H1 2017 VC FinTech Investment Landscape」

ロンドンには大手金融機関の拠点が多く置かれており、こうした金融機関によるアクセラレータも提供されている。Barclays Acceleratorは、Barclaysがスポンサーとなった13週間のアクセラレータプログラムである。選出された企業はBarclaysが提供するシェアオフィスのRise Londonへの入居が可能であり、様々なメンターへの相談等ができる。

　中央銀行であるイングランド銀行のアクセラレータもあり、スタートアップ企業とイングランド銀行が新しい技術などの開発を共に行っている。現在の第4期では、4社グループが選出されており、分散型台帳技術やビッグデータ処理などが主なテーマになっている。

　ロンドンで有名なインキュベータとして、英国で建築・不動産事業を営むCanary Warf Groupが運営するLevel 39がある。2013年3月にCanary Warf Groupが所有するOne Canada Squareビル39階でオフィス提供を含むプログラムをスタートし、現在は170社近い企業が入居している。

　業界団体ではInnovate Financeが有名だ。Canary Warf Groupやロンドン市がサポートし、メンバー企業もスタートアップ企業や大手金融機関、大手ICT企業など300社を超えている。

　Global Fintech Hub Federation（第一章参照）の設立をリードし、世界のフィンテックハブと事例などの情報を共有する仕組みを作り上げ、2016年には米国と情報交換するためのTransatlantic Policy Working Groupを立ち上げている。スタートアップ企業によるコンペティションも多く開催しており、NTTグループと共同で行ったグローバルオープンイノベーションコンテストでは、東京での最終選考会にむけて英国でのピッチ[163]の開催サポートも手掛けた。

　このように英国においても、多くのスタートアップ企業、既存金融機関、アクセラレータやインキュベータなどが、フィンテックのエコシステムを作り出し、人々によりよいサービスを提供すべく努力を続けている。

　英国以外の欧州諸国の取組についても見てみたい。
　デンマークでは、首都コペンハーゲンを中心に140社程度のフィンテック企

---

[163] 主に起業家が投資家等に向けて短時間で新しい製品・サービスを説明する会合を指す。

図表 5-9　ガラスで仕切られた Copenhagen FinTech Lab の内部（筆者撮影）

業・スタートアップが存在するという。フィンテック業界の発展を促すための業界団体としてCopenhagen Fintechが活動しており、Copenhagen FinTech Labというスタートアップ企業向けコワーキングスペースを設立している。同ラボは2016年秋に活動をスタートし、入居社数は35社ほどとなっている。入居企業は一定の月額料金を支払う事で、施設全ての利用と法務・広告・人事などのアドバイスを受ける事が可能である。Labに入居している企業にはブロックチェーン関係の企業が多く、決済、RegTech、保険分野を手掛ける企業も入居している。

ラボ以外では、European Blockchain Centerが複数の国内外の大学によってコペンハーゲンに設立され、ブロックチェーン関連の研究開発の拠点になろうとしている。

大手企業の関わりとしては、Dankortカードや国民IDのNemIDの運営を行うNets社がフィンテック企業への関与を積極的に深めている。同社はスタートアップ企業との提携や投資ファンドの設立、またハッカソン[164]などを行って

---

[164] ソフトウェア開発分野の技術者が集まって、集中的に作業をするソフトウェア関連プロジェクトのイベント

いる。

　The Nordic webによると、デンマークにおけるフィンテック企業への投資は、2014年の3社から、2016年には19社に増加し、金額も2014年の4,500万クローネ（約8億円）から2016年には1億1,800万クローネ（約21億円）に増加している[165]。ただし、英国と比べると、社数・規模ともに、まだまだ低い水準に留まっているのが実態だ。

　フィンランドでは、スタートアップ企業の多くがまだアーリーステージにあるが、存在感は徐々に増しているという。
　この中で特に著名なのは、中小企業向けに金融サービスを手掛けるHolviである。同社は2011年の創業で、請求書発行やキャッシュフロー管理など伝統的な銀行業務をオンラインプラットフォームで提供している。同社は2016年3月にスペインのBBVAに買収されたが、フィンランドの首都ヘルシンキを中心に事業活動を行っている。
　Nordea銀行やOP銀行など既存金融機関はアクセラレータプログラムの提供を行う、もしくは内部にフィンテック企業のような役割を果たす部門を抱えている。Nordea銀行の例をみると、スタートアップ企業を対象としたビジネスコンテストの開催や、銀行内にフィンテック企業のオフィスを設置し、当該企業が開発したサービスを銀行が購入する、ということも行っている。フィンテック企業に投資も行い、自行内でそのサービスを利用しない場合でも、投資からのリターンを狙うという。また、スタートアップ企業と共にビジネスを考えることで、銀行の人材がフィンテックについて学習する点により大きな意味を見出しているという意見も聞かれ、長期的な成長への寄与を想定しているようだ。

　政策面でみると、FIN-FSA[166]が昨年の秋にイノベーションヘルプデスクを開設し、フィンテック企業のサポートを行っている。中央銀行であるフィンランド銀行もデジタライゼーションプロセスを進めており、フィンテック企業の

165　The Nordic Web、Copenhagen FinTech 資料
166　The Finnish Financial Supervisory Authority

ファシリテーションサービスの提供や、いくつかのイベントを開催しているという。

デンマーク、フィンランドともに国民の数もそれほど多くはなく、国内の金融市場の規模は限定的であり、フィンテック企業も国内市場だけでは成長が限られる。両国ともにEUの加盟国という事もあって、多くのフィンテック企業は欧州全域を視野に入れたビジネス展開を進めようとしている。

5.4　欧州：フィンテック企業を世に知らしめるFinTech50の取り組み

多くのフィンテックスタートアップ企業が誕生する中で、どういった企業があるのかを世に知らしめる活動も、エコシステムの中で大切な役割を持つ。KPMGとH2VentureによるFINTECH100や、フィンテックの投資情報で有名なCB INSIGHTSがまとめたThe Fintech250といったリストがあるが、より欧州に特化した形でまとめられたのが、FinTechCityが発表するFinTech50である。

FinTechCityの設立は2011年であるが、当時のロンドンにおいてフィンテックの知名度は低かったこともあり、業界の全体像を示すことが重要と考え、FinTech50の発表に至ったという。

FinTechCityは欧州を中心にフィンテック企業のリストを作成しており、フィンテック業界をよく知る投資家やICT業界に属する人々で構成されるパネリストが、リストの中から注目すべき企業を50社選択し、FinTech50としている。欧州ですでに広く知られ、サービスの利用が浸透している企業は、殿堂入り（The Hall of Fame）として扱われ、現在は10社が殿堂入りとなっている。

候補となるリストに入った企業数は2011年に136社、2012年に260社であったが、2017年には1,500社を超える水準に至り、欧州のフィンテック業界が成長していることを映し出している。

2017年のFinTech50であるが、24社の新しい企業を含む、50社が選出され

た。分野別の特徴をみると、決済が5社、融資（レンディング）が5社と主要分野からの選出はまだまだあるが、デジタルオンリー銀行に代表される銀行業務（バンキング）が10社、またコンプライアンス・RegTechの分野が5社となっていることも、欧州フィンテック業界の最近の注目領域を表していると言える。

各社の創業年をみると、2014年が11社と最も多く、2010年以前に創業した企業数が9社に留まっている。2016年創業の企業も4社含まれており、フィンテック分野における起業の勢いを垣間見ることができる。

各社の本拠地の地理的な分布をみると、ロンドンが29社で他を圧倒している。次いでドイツのベルリンが5社、それ以降はスウェーデンのストックホルム、オランダのアムステルダム、アイルランドのダブリンなど細かく分散している状況だ。欧州のフィンテック業界はロンドンが先行し、他の都市がそれを追いかけている状況であるが、現状ではロンドンの優位性は揺らいでいない。

FinTechCityの創業者であるJulie Lake氏には2017年夏にロンドンで話を伺ったが、最近の欧州のフィンテック事情について、スタートアップ企業のビジネスモデルが、消費者に直接サービスを提供するB2C中心から、既存金融機関など企業向けにサービスを提供するB2B中心に移行しつつあるという。

FinTech50を発表し始めた2012年頃は、金融危機の影響も色濃く、フィンテック企業と既存金融機関は対立構造にあったが、現在では積極的に協力関係を構築しており、特にデータ分析、コンプライアンス、サイバーセキュリティといった分野では、既存金融機関がスタートアップ企業の技術を積極的に取り入れているとの事であった。

FinTechCityでは、FinTech50の作成に留まらず、実際にフィンテック企業と投資家など関係者を集めたピッチ[167]の主催も行っている。**図表5-10**は、ロンドンで行われたピッチにおいて、資産管理・ロボアドバイザーを手掛けるNutmegのプレゼンテーションが行われたところを撮影したものである。

このように欧州では、フィンテックのスタートアップ企業でも既存金融機関でもない組織が誕生し、フィンテックのエコシステムを草の根から支えてい

---

167 主に起業家が投資家等に向けて短時間で新しい製品・サービスを説明する会合を指す。

図表 5-10　FinTechCity が主催するピッチで Nutmeg がプレゼンテーション
　　　　　（筆者撮影）

る。スタートアップ企業にとってこうしたリストに選出されることは顧客や提携候補企業に対するアピールにつながり、既存金融機関にとっても、最近の有力なフィンテックスタートアップ企業を一目で見られることで提携先選出などに役立つであろう。

　FinTechCityでは、現在、FinTech50 ASIAの作成を準備しており、日本からも企業選出パネリストとして2名が参加している。こうした取り組みを通じて、日本のフィンテックスタートアップ企業の情報が世界に発信され、グローバルな事業展開につながっていくことを期待したい。

5.5　日本：SBI や楽天などインターネットに強い企業の取り組みが加速

　日本において、フィンテックスタートアップ企業の存在感はまだそれほど大きくない。企業数について統計などはないが、多くのフィンテックスタートアップ企業が集まって設立したフィンテック協会のメンバー企業数は、81社となっている（2017年11月27時点）。決済、オンラインレンディング、クラ

ウドファンディングなどに複数の企業が参入し、マネーフォワードが上場を果たすなど、まさにこれから存在感が大きくなり始めるところとも言える。

　スタートアップ企業の活動があまり目立たない大きな要因には、インターネットバンキングやオンライントレードなど既存金融機関によるインターネットを活用した金融サービスが既に充実していることも上げられる。

　株式の取引でいえば、1997年の金融ビッグバン・証券手数料の自由化があり、インターネットの普及を背景にしてオンライントレードが急速に普及を始めた。個人の株式委託売買代金では、SBI証券、楽天証券、松井証券、カブドットコム証券、マネックス証券、といったインターネット証券のシェアがすでに8割近くに至っている[168]。インターネットバンキングでも、インターネット専業銀行に勢いがあり、各社の預金残高は住信SBIネット銀行が4.3兆円、大和ネクスト銀行が3.4兆円、ソニー銀行が2.1兆円、楽天銀行が1.9兆円などとなる[169]。国内銀行の預金残高合計928兆円[170]と比較すると、まだまだ規模は小さいが、存在感を増してきている。

　フィンテックに積極的な金融機関には、SBIグループや楽天など、もともとインターネットに強い企業グループがあげられる。

　SBIグループでは、SBI証券でウェルスナビとTHEOのロボアドバイザーサービスを提供、住友信託と共同で運営する住信SBIネット銀行ではオープンAPIを積極的にすすめ、ネストエッグの自動貯金「Finbee」、マネーフォワードの貯金アプリ「しらたま」などと連携している。また、決済サービスを提供するZEUSやマネーフォワードと連携し、事業性融資サービス「レンディング・ワン」も開始している。

　投資も積極的に行っている。2015年には「FinTechファンド」を設立し、横浜銀行、足利銀行、山陰合同銀行、紀陽銀行など28行の地域銀行とみずほ銀行、ソフトバンクおよび自らの資金で300億円を超える金額を集め、既にスタートアップ企業61社への投資を決定している。

---

168 SBIホールディングス　「2017年9月期決算発表資料」
169 SBIホールディングス　「2017年9月期決算発表資料」、住信SBIネット銀行と大和ネクスト銀行は2017年9月、ソニー銀行と楽天銀行は2017年6月末の数値
170 日本銀行　「貸出・預金動向速報（2017年9月）」都銀、地銀、第二地銀、その他計

フィンテックの活用に向けた地域銀行との連携も強めており、日本IBMと連携し、地方金融機関が利用できるフィンテックプラットフォームを設立、スタートアップ企業のサービスやシステムをパッケージ化し、地方金融機関に提案する事業を開始している。また、Fintechファンドとは別に、SBI地域銀行価値創造ファンドとして1,000億円を集め、地域銀行と連携できるスタートアップ企業への出資を進めていく方針だ。

　楽天も事業のコアであるイーコマースに加えて、金融分野を積極的に拡大し、楽天銀行、楽天カードを軸に、決済サービスの楽天ペイ、電子マネーの楽天エディ、ポイントサービスの楽天ポイントといったサービスを提供している。楽天ペイは、ウェブ上での支払いやモバイルウォレットとして各種クレジットカードや電子マネーを登録し、店舗でバーコードやQRコード決済、又はアプリからの送金によって、決済を行うことが可能になっている。楽天市場の出展企業に対しては、楽天カードから短期間の審査で融資を受けられる楽天スーパービジネスローンも提供されている。

　メガバンクもフィンテックへの取り組みを進めている。比較的早くから活発に動いているのは三菱UFJフィナンシャルグループ（以下FG）で、MUFGデジタルアクセラレータの開催などでフィンテック企業との接触を増やしている。みずほFGもハッカソン[171]：Mizuho.hackの開催やみずほフィンテックファンドによるフィンテック企業への投資を行っている。三井住友FGは東京のITイノベーション部門とシリコンバレーのデジタルイノベーションラボなどを軸に、グローバルに技術習得のためのネットワークを広げている。

　今後、メガバンクのフィンテックへの取組は、効率化の向上が主な目的となりそうだ。2017年に入って各行ともにICT活用による定型事務作業の自動化やキャッシュレス化の推進による支店やATMなど現金を扱うインフラの縮小を図る方針を打ち出している。業務量の削減効果については、三井住友FGが2020年度までに4,000名分、みずほFGは21年度までに8,000名、2026年度には19,000名分、三菱UFJFGも2023年度までに9,500人分となる見通し[172]であり、定型業務の処理に携わっていた人員を付加価値の高い業務に配置転換し、成長

171　ソフトウェア開発分野の技術者が集まって、集中的に作業をするソフトウェア関連プロジェクトのイベント
172　各行の業務量削減人員数については、日本経済新聞 2017年10月29日

を追求する方針だ。

　地域金融機関によるフィンテックへの取組は、今後の大きなテーマであろう。メガバンクと比較して規模が小さいこともあり、フィンテック企業側から見て個別金融機関と独自に提携を結ぶことのメリットが見出しにくく、また多くのフィンテック企業は東京にあるといった地理的な問題も影響するだろう。
　こうした課題に対する一つの解は、コンソーシアムを組成しての対応となる。現在、先述したSBIグループのフィンテックプラットフォームや、三菱UFJフィナンシャルグループの子会社のジャパンデジタルデザインなどの取組があり、ジャパンデジタルデザインでは地域銀行32行と共同で小規模商店でのQRコード決済導入や公共料金のペーパーレス化、業務の自動化などを進めていくという。
　このように複数の金融機関が集まることによって、提携先のメリットを高め、各金融機関の資金負担を減らすことが出来る。ただ、裏を返すと、複数の金融機関が同じサービスを提供することになり、独自色を出し、競争に打ち勝っていくという点では、厳しい戦略となりそうだ。結果的に、こうした連携を通じて地域銀行の合併がさらに加速することも予想されよう。

第六章
フィンテックと政府
推進か規制か

　フィンテックに対する政府・監督機関の姿勢は、国によって異なりを見せる。この本の中で取り上げた国々の中でも、積極的に推進する方向で動いている英国や日本、一方で基本的に民間に任せている米国や中国といった具合に分かれている。ただ、第一章でみたように、金融サービスを経済成長の重要な柱に位置付け、自国の主要な都市を金融センターにしたいと願う国は多いと考えられ、フィンテックを推進する政策を取る国が増加すると予想される。

　どの国においても、監督機関の課題として挙げられるのは、消費者保護、マネーロンダリングやテロリスト資金への対応などだ。
　消費者保護に向けては、倒産などに備えて事業者が一定額以上の資本を確保することや保険制度の設立・加入などが求められる。マネーロンダリングやテロリスト資金への対応では、口座開設時や金融サービス利用時の身分確認強化やキャッシュレス化の推進などが行われる。
　スタートアップ企業の参入や成長を促し、新しい金融サービスをどんどん導入するためには、規制はなるべくない方がいい。しかしお金を扱うフィンテックでは、他のサービス以上に消費者保護や犯罪防止が求められるため、そのバランスが課題となる。フィンテックのメリットであるスピードを生かしながら、お金の流れをきちんと追いかけることができる、デジタル化された精度の高い本人確認制度・技術の開発は大きなビジネス機会でもある。

また、多くの国々では、金融業の規制が業態別に制定されており、参入する企業にそれぞれの業態の免許を取得することを求めている。

一方、フィンテックのスタートアップ企業の多くは、銀行や証券会社といった従来の金融機関の業態に必ずしも当てはまらないため、規制の枠組みからずれてしまうことは、大きな問題となっている。

第六章では、上記のような論点に対して、各国の政府がどのように対応しているのかについてみていきたい。

6.1 米国：積極的な促進はせず、競争環境の維持をねらう

米国では、フィンテックサービス全体を網羅する包括的な法律はなく、決済、融資、投資・運用などで当てはまる法律が分かれている（**図表6-1**）。また多くの金融サービスの提供には、それぞれ免許も必要とされる。フィンテック企業が提供する金融サービスの免許は一般的に州が供与することになり、企業が事業を行いたい州ごとに免許を取得する必要がある。それぞれの州が独自の免許体系を持っていることに加えて、連邦政府も金融機関に対して様々な規制を課しているため、一つの金融機関に対し、連邦政府と各州の複数機関が関わる複雑な仕組みになっている。フィンテックに関わる主な連邦政府の機関には、以下のような組織がある。

・OCC[173]：National Charter（国法銀行）を監督する。
・FRB[174]：メンバーである銀行を監督する。
・SEC[175]：ロボアドバイザー、クラウドファンディング、仮想通貨などを監督する。
・CFPB[176]：全金融機関の消費者に関わる問題を担当する。

---

173 Office of the Comptroller of the Currency （通貨監督庁）
174 Federal Reserve Bank （連邦準備銀行）
175 Securities and Exchange commission （証券取引委員会）
176 The Consumer Financial Protection Bureau （消費者金融保護局）

米国の銀行には、商業銀行（Commercial Bank）、銀行持株会社（Bank holding company）、貯蓄金融機関（Saving association）、信用組合（Credit Union）がある。商業銀行では、連邦が免許を供与する国法銀行と州が免許を供与する州法銀行があり、このうち国法銀行の免許供与についてはOCCが行っている。現状、OCCがフィンテック企業を直接に監督することはないが、フィンテック企業がOCCの監督する銀行の業務の一部を構成する場合には、銀行を通じて間接的に監督をすることがある。

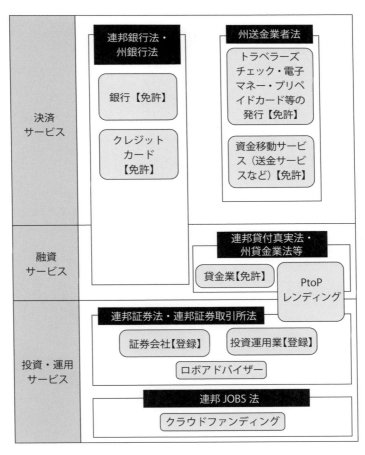

図表6-1　米国　フィンテックに係る法体系[177]

---

[177] 金融庁「フィンテックに関する現状と金融庁における取組み」

連邦政府のフィンテックへの姿勢という点では、OCCが2016年3月に発表したレポート[178]の中で「Responsible Innovation」、すなわち新しい金融製品・サービスが消費者・顧客企業・コミュニティの需要にこたえる形で進化し、リスクマネジメントも適切に行われることを求めることを述べている。同レポートの中では、すべてのイノベーションがポジティブとは限らず、むしろ消費者や金融システムの危機を拡大させる可能性があることが2008年の金融危機の教訓であったとし、イノベーションが安全で関連法・規制に準拠し、消費者の権利を保護できる形で進められることを求めている。OCCは金融システムの安全性・健全性の担保、公正な貸出、顧客の公正な取扱いなどを重視していると言える。

　具体的な取り組みとしては、2017年にニューヨーク、ワシントンDC、サンフランシスコに「Office of Innovation」を設置し、Innovation Officerによる銀行やフィンテック企業へのサポート体制の構築を進めている。さらに多くの企業からの要望を受けて、英国などで導入されているRegulatory Sandboxに似たbank-run pilotsという取り組みについても、現在検討されている[179]。

　2016年12月には、銀行業に進出しようとするフィンテック企業の増加を受けて、特別目的銀行免許[180]を与える提案も発表している。フィンテック企業に特別目的銀行の免許を付与し、銀行と同じ厳格な法律や規制の元で監督することで、消費者や中小企業保護の強化や公平性の確保を目指している。免許を取得したフィンテック企業は国法銀行という扱いを受けるため、フィンテック企業の大きな不満の一つであった州ごとの監督や免許獲得の解決につながることが期待されている。

　しかし、この特別目的銀行の免許付与案は、州法銀行監督官協会やニューヨーク州金融サービス局からの強い反対を受けるなど、最終的な決定までにはいくつかの越えなければならないハードルがあるようだ。

　さらにOCCの関心事項の一つに、金融機関の規模によってフィンテックサービスの活用度に差が生じる可能性がある。すなわち、大きな金融機関はさ

---

178 「Supporting Responsible Innovation in the Federal Banking System: An OCC Perspective」
179 Acting Comptroller of the Currency Keith A.Noreika 氏の講演資料
180 Special purpose national bank charters

まざまなフィンテックサービス・フィンテック企業を取り込む資金があるが中小の金融機関にはその余力がなく、結果として消費者を満足させることができるフィンテックサービスを提供できずに顧客離れが進み、規模による格差がますます広がる懸念がある。こうした懸念は日本の地域銀行でも当てはまるため、その対策に引き続き注目する必要があろう。

　OCC以外の動きとしては、FRBが決済分野などを中心に積極的に調査報告書などを発表しているほか、SECが特に仮想通貨・ICOの分野での取り組みを強化している。

　OCCを始めとした米国の監督機関は、徐々にフィンテックをサポートする動きも見せつつあるが、基本的には他の金融機関と平等に考えるという姿勢、もしくは米国には起業の文化が根付いており特別にサポートしなくてもフィンテック企業が自発的に成長するという考え方に変化はないだろう。今後も、一歩引いた形で必要な法改正等を進めていくといったスタンスが継続すると考えられる。

6.2　中国：放任から管理へ移行

　中国ではインターネット金融の広がりによって、これまで金融サービスを十分に利用できなかった人々にも利用の可能性をもたらし、生活の質の向上や経済の活性化につながることを期待している。一方で、金融システムとして深く組み込まれることから、何か問題が起こった時に社会・経済に与える影響も大きくなることが懸念されている。

　インターネット金融は新しいプレーヤーが新しいビジネスモデルでサービスを提供することが多く、従来の金融システムに対する政策・制度がうまく適合していない部分もあった。制度・規制の不備による問題は、特にP2Pレンディングの不正などで明らかにされてきた。こうした課題を解決するため、政府も監督官庁の明確化や、決済やP2Pレンディングなど主要サービスに対応する法整備を進めている。

中国の実質GDP成長率は、2012年からは6％台～7％台と緩やかな成長率に移行し「新常態」と言われている。経済構造も、投資主導から消費主導の経済成長への転換をめざし、主要産業も重厚長大型から新しい産業中心への移行を志向している。

　2016年から始まった第13次五カ年計画では、要綱の第2編にイノベーション駆動型発展戦略の実施、第6編にインターネット経済空間の開拓、がまとめられ、インターネットを始めとするICTを活用したイノベーションの促進が掲げられた。イノベーションを促進するための具体的な政策として「大衆創業・万衆創新」（大衆の企業・万人のイノベーション）、「中国製造2025」、そして「互聯網＋」（インターネットプラス）が掲げられている。

　互聯網＋（インターネットプラス）政策は、2015年3月の全国人民代表大会における政府活動報告の中で、李克強国務院総理が言及し、2015年7月には指導意見として文書も発表されている。その中では、インターネットに関わる様々な重要なテーマが述べられているが、特に包摂金融として金融サービスにアクセスできる国民の比率向上を狙うことが掲げられ、インターネット上のプラットフォームを通じた金融サービスの提供やビッグデータを活用した信用強化システムの構築といった方向性が示されている。

　2016年3月の全国人民代表大会における李克強総理の政務活動報告の中で発表されたのが、「四衆」プラットフォーム[181]である。「四衆」は、衆創（ソーシャルイノベーション）、衆包（クラウドソーシング）、衆扶（公益機関や企業による小規模・零細企業・ベンチャー向け支援）、衆籌（クラウドファンディング）の4つを指し、この「四衆」プラットフォームを軸に、企業、大学、研究機関、起業家の各方面が協力する新しい起業・イノベーション体制を構築することが表明された。

　2017年10月に開催された共産党第19回大会では、インターネット金融についての言及はなされていないようだが、実体経済とインターネットの融合やイノベーションによる経済成長のけん引など、引き続きインターネット金融の普及を後押しする方向に向いているようだ。

---

181 Science Portal China　2016年3月11日記事

インターネット金融に関する法整備

　2017年初めに行った現地ヒアリングでは、中国政府は異業種の金融業参入を容認し、特にイノベーションを促進したインターネットを活用した金融サービスの拡大を歓迎している、という意見が聞かれた。これには金融サービスが末端の人々まで行き届いていない現状と、銀行など既存金融機関だけでは金融サービスの劇的な改善が見込めないという認識が背景にある。
　しかし、新しい金融サービスの導入には様々なトラブルや犯罪を誘発する恐れもあり、新しい技術に対する知識・見識の差もサービス利用の課題となる。こうした懸念・課題を解決し、健全なインターネット金融サービスの普及に向けた法整備と責任の明確化が進められている。

　インターネット金融を取り巻く法整備を時系列で見ると、2010年に非金融機関の決済サービス管理法が交付され、銀行以外の者が第三者決済サービスを提供する場合、中国人民銀行から決済業務許可を取得し、管理監督を受けなければならないと明記された。それを受けて2011年には中国人民銀行が第三者決済サービスのライセンス発給を開始した。

　2015年7月には、インターネット金融に対する包括的な枠組みとなる「インターネット金融の健全な発展の促進に関する指導意見」が発表された。これまでインターネット金融は新しいサービスという事もあって、規制面の監督者が明確ではなかったが、この指導意見によって各業務の責任機関が定められた（図表6-2）。

　2016年には第三者決済サービスやP2Pレンディングを管理する法律が発表・実施されている。第三者決済サービスに向けては、2016年7月から実施された「非銀行支払機関インターネット支払業務管理弁法」がある。同法では、決済アプリの実名登録が重視され、本人確認の方法によって決済可能な上限額が定められている。
　事業者には顧客のリスク評価管理制度・メカニズムを構築し、リスク準備金制度と取引賠償制度も構築することを求めている。また人民銀行は、事業者の

業務内容	管理機関
インターネット決済	人民銀行
インターネット貸借（P2P／少額貸借）	銀行業監督管理委員会（銀監会）
クラウドファンディング	証券監督管理委員会（証監会）
基金（ファンド）販売	証券監督管理委員会（証監会）
インターネット保険	保険監督管理委員会（保監会）
インターネット信託・消費者金融	銀行業監督管理委員会（銀監会）
インターネット業界の監督管理	工業・情報化省、 国家インターネット情報弁公室
顧客資金第三者委託管理制度	人民銀行
情報開示・リスク提示・適格投資家制度	各監督管理機関が分担
消費者保護	人民銀行、銀監会、証監会、保監会
インターネットと情報のセキュリティ	人民銀行、銀監会、証監会、保監会、 工業・情報化省、公安省、 国家インターネット情報弁公室
マネーロンダリングと金融犯罪の防止	公安省
業界自主規制	中国インターネット金融協会
部門間の協調・データモニタリング	各監督管理機関が分担

図表 6-2　インターネット金融の管理監督機関 [182]

リスク管理等を考慮してランク付けを行っており、事業者はランクにより1日の取引可能金額が定められている。

　P2Pレンディングに対しては、「インターネット貸借情報仲介機関業務活動管理暫行弁法」が2016年8月から導入されている。同法では、インターネット貸借情報仲介事業者を、もっぱらインターネット貸借の情報仲介に従事する金融情報仲介企業と定義し、登録制を採用した。事業者の禁止行為として13項目が定められた他、資金の管理、借入制限額、管理監督責任などが記載された（図表6-3）。

　実務上では、2016年11月に「インターネット貸借情報仲介機関備案登記管理ガイドライン」、2017年2月に「インターネット貸借委託管理業務ガイドラ

---

[182] 野村総合研究所　「金融ITフォーカス 2015年9月 中国におけるインターネット金融規制」

項目	概要
13の禁止項目	①自己融資、②資金収集、③保証・担保の提供、④オフライン宣伝、⑤貸出、⑥期限の異なる融資の組み合わせ、⑦自営・代理による金融商品の販売、⑧債券譲渡業務、⑨他機関との混合・連携販売・代理、⑩情報の捏造・隠蔽、⑪ハイリスク投資活動を目的とする借り手への情報仲介、⑫エクイティ型クラウドファンディング、⑬法律や規定により禁止された他の活動
資金第三者カストディ制度	P2P業者の資金のカストディアンは銀行でなければならない。
借入制限額	個人：P2P事業者ごとに20万元以下、合計100万元以下 企業：P2P事業者ごとに100万元以下、合計500万元以下
管理監督責任の明確化	中国銀行業監督管理委員会、地方金融部門
登記制	P2P事業者は情報仲介業者であり、金融事業のための金融業許可（牌照）ではなく、通信管轄部局から電信業務許可（Internet Content Provider：ICP）を取る必要がある。 金融監督管理部門は分類・格付けなどの評価を行うが、情報開示を目的としたもので、登記の可否には関係しない。

図表 6-3　インターネット貸借情報仲介機関業務活動管理暫行弁法の主要項目 [183]

イン」が発表されている。

　2017年に入ると、金融分野のリスク防止が重視され、インターネット金融の課題も取り上げられている。個別には銀行監督管理委員会によって学生向け金銭貸借（校園貸問題）等への早期対策が打ち出され、さらに8月の中国人民銀行の「中国地域金融運営報告（2017）」でも特に金融システム全体に影響の及ぶ可能性のあるインターネット金融サービスについてコメントがなされている。仮想通貨関連では、2017年9月にICOの禁止を発表、ビットコインなど仮想通貨取引の規制も強化している。

　中国政府としては、インターネット金融の重要性について言及しながらも、実際にはアリババやテンセントを中心にサービスの活用が既に広く進んでいることから、政府としてはあえて具体的な推進策を打ち出す必要を感じていない

---

[183] 三菱東京UFJ銀行 中国投資銀行部 中国調査室「BTMU（China）経済週報 2016年10月27日　インターネット金融の「シャドーバンキング化」を防止」

と推察される。

むしろ明確なルールを定めることで、利用者の保護や犯罪防止を進め、結果として人々が安心してインターネット金融を使える環境作りを目指しているのではないだろうか。

6.3 欧州：積極的にスタートアップ企業を支える英国政府

2014年8月に当時のGeorge Osborne財務大臣から英国を「Global Fintech Capital」として発展させるという発言があるなど、フィンテック産業を育成する立場を明確にし、それに沿った政策を導入しているのが英国である。

代表的な取組としては、FCA[184]が2014年10月に開始したProject Innovateがあり、個別のフィンテック企業に対してコンプライアンスに関するアドバイスを行うInnovation Hubの設置とフィンテック発展に向けた制度改革の検討などが打ち出された。あわせて、2014年8月に立ち上がった業界団体Innovate Finance（第五章参照）についても、積極的な支援を行った。

制度改革では、2015年11月にRegulatory Sandboxが導入された。これは子供が遊ぶ砂場のように、スタートアップ企業が規制を気にせずに革新的なサービスを開発・商用化できる実験的スペースを設ける試みである。規制を緩めることで、規制をクリアするために必要な工数や時間を短縮でき、従来の規制下では実現が難しかった様々な新しい金融サービスが市場に投入されると期待されている。

具体的な手法としては、提供に認可が必要な金融サービスで、必要とされる要件を緩めた限定的な認可を与えるやり方や、免許を持つ企業にはテスト活動に対して法的措置を取らないことを示したNo enforcment action letterの提供などがある。

Regulatory Sandboxの利用にはFCAへの事前申請と認定が必要で、認定された企業はFCAと協議して定めた成果測定テストを実施し、最終的な報告書

---

[184] Financial Services Authority　金融行為規制機構

の作成とFCAによるレビューを受けることも求められる。うまく行った企業についてはRegulatory Sandbox外での事業化を判断するプロセスに移行する。

　2016年6月に始まった第一弾では69社の応募のうち、24社を選出、2017年1月の第二弾では応募77社の中で31社を選出、第三弾も2017年11月で締め切られ、応募61社の中で18社を選出した。2017年10月にFCAがそれまでの成果をまとめた報告書[185]では、第一弾の選出企業のうち18社が最終のテストを修了し、テストを終了した企業の9割が実際に事業化のプロセスに進んだと報告されている。

　このRegulatory Sandboxは、シンガポールやオーストラリアなどでも同じような仕組みが導入され、日本で2017年3月に閣議決定された「日本版レギュラトリーサンドボックス制度」（国家戦略特別区域法改正案）につながっている。

　オンラインレンディングに対する優遇税制も導入されている。英国では、日本のNISA創設の参考ともなったIndividual Savings Account（ISA）という非課税投資・預金制度があるが、2016年4月にInnovative Finance ISAというP2Pレンディングへの投資を対象とした口座が開設できるようになった。投資額の上限は2017年4月から2万ポンドとなっている。FCAとHMRC[186]の認可を受けたP2Pレンディング事業者のサービスが対象で、2017年に入ってファンディングサークルやZOPAなど大手も認可されている。

　フィンテックの根幹となるICT産業を育成する政策もとられている。2010年末にキャメロン政権のもと、イーストロンドン地区に米国シリコンバレーを参考にTechCity構想を打ち出した。TechCity構想は、税制優遇やビザの緩和も含むICT産業に特化した積極誘致政策であり、元々ロンドンにある「金融」シティに続く、第二のシティ、すなわち「テクノロジー」シティを目指すものである。Google、Amazonを含めた世界トップクラスのICT企業がこの地に積極投資を続け、2012年のロンドンオリンピックの後押しもあり、ロンドンは現在シリコンバレーやニューヨーク、などと同等のICT集積地区となった。

185　Regulatory sandbox lessons learned report
186　Her Majesty's Revenue and Customs　英国歳入関税庁

こうしたICT産業の強化がフィンテックの土台を支える礎となっている。

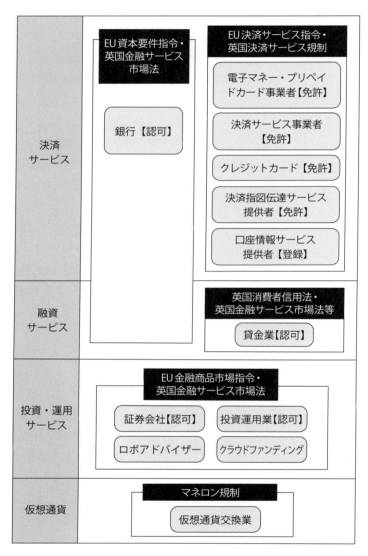

図表 6-4　英国　フィンテックに係る法体系 [187]

---

187 金融庁「フィンテックに関する現状と金融庁における取組み」

6.4 欧州:EUの改正決済サービス指令(PSD2[188])によるオープンバンキングへの道

　EU内では非現金決済の利用が広がっているが、その背景にはEUが定める様々な規則が関わっている。EUでは、金融資本市場の整備によって、国際的な競争力を確保するという狙いから、1999年には「Financial Service Action Plan（金融サービス行動計画）」、続いて2005年には「Financial Service Policy 2005-2010（金融サービス政策）」といった総合戦略が定められた。また、EU域内における、リテールの決済に関わる共通インフラを整備するために様々な法的な整備も行われている（**図表6-5**）。

電子決済勧告 （1997年）	電子的マネーの発行者が利用者に提供すべき情報や権利義務関係のルールを導入し、利用者の保護を図る。
クロスボーダー振込指令 （1997年）	ユーロ導入に向けて、EU域内の国境を超える口座振込に関するルールを制定。
電子マネー指令 （2000年）	電子マネーを定義し、金融機関以外に電子マネーを発行できる「電子マネー機関」を創設。
クロスボーダー決済規則 （2001年）	EU域内クロスボーダー取引の手数料引下げに向けた標準化を進めた。
決済サービス指令 （2007年）	ユーロ圏内における小口決済システムの統合プロジェクト「SEPA[188]」の実現に向けた包括的な法的枠組みを整備。①市場参入障壁の除去と平等な競争条件の確保による決済サービス業者間の競争促進、②決済サービス業者が提供する情報の透明性向上および情報提供が義務付けられる項目の共通化、③決済サービス業者と利用者との間における権利義務関係の明確化・共通化、を目的とする。
電子マネー指令の改正 （2008年）	電子マネー機関による兼業規制撤廃や当初資本の引き下げなど規制を緩和し、市場活性化を目指した。

図表6-5　EUが導入した決済に関わる主な規則

---

188 The Payment Services Directive 2
189 Single Euro Payments Area

このように、ユーロの創設や電子マネーの普及などを背景にこれまで様々なルール作りが進められてきたが、2007年に決済サービス指令が成立して以降、決済に関わる技術進歩が進み、金融機関のビジネスモデルも大きく変化してきた。こうした変化に合わせるべく、2015年に決済サービス指令が改正され、2018年には各国での法制定が求められている。

　PSD2の主要な目的は、①欧州の決済市場の更なる統合、②新しいプレーヤー（フィンテック企業など）や新しい技術（モバイルなど）の積極的な参画と競争促進、③詐欺などの犯罪に対する消費者保護の強化、④決済手数料の値下げ、などである。

　このうち、フィンテックと関わりが大きいのは、銀行のICTシステムが持つデータやサービスにフィンテック事業者などがアクセスすることを可能にするオープンAPI[190]の義務化である。これにより、従来の金融機関だけでは生み出せなかった新しいサービスを生み出し、顧客利便性を高めようという試みである。

　改正決済サービス指令では、決済サービスの提供者として、これまでの指令で定められてきた銀行、電子マネー事業者、決済サービス事業者、に加えて、PISP[191]とAISP[192]という2つの事業者タイプが創設される。

　PISPは、オープンAPIを通じて銀行に対し決済・資金移動を指示することができる。例えば、オンラインショップと銀行を結び、購買の決済を銀行口座引落しでできるようにする。一方、AISPは、利用者の口座情報を銀行から取得し、集約・加工などを行うことができる。

　両者のうち、特にPISPは、自らが実際に決済・資金の移動を行い、問題が生じた場合には顧客の資金を失う可能性があるため、免許の取得や補償制度の設立など、厳しいルールが定められる方向である。一方、AISPは、当局への登録だけで業務が可能であり、自己資本規制も設けられないが、個人情報保護への対応などが求められる。

　オープンAPIの推進は、フィンテック企業など新しいプレーヤーが新しい

190　Application Programming Interface（第一章参照）
191　Payment Initiation Service Provider 決済指示サービス提供者
192　Account Information Service Provider 口座情報サービス提供者

金融サービスを生み出すために必要とする情報を入手しやすくし、結果として金融サービスの多様化につながる。一方で、これまで金融機関内に留まっていた情報が外部に出る、さらには決済の指示までされるということで、安心安全の確保は従来よりも格段に難しくなってくる。

実際の安心安全に向けた対策については金融機関とフィンテック企業という当事者に任される部分が多くなることが予想され、結果として安心・安全の対応に大きなレベル差が生じる懸念もある。

今後も、金融機関・フィンテック企業・監督機関など幅広い関係者が積極的に対話を重ね、業界全体で安心安全確保への取り組みを進める必要がありそうだ。

6.5 日本：積極的にフィンテックを推進する政府

日本のフィンテックを取り巻く政策、法制度の変化などについて、見ていきたい。日本政府・監督機関は、フィンテックに対して推進していく立場を明確にしている。政府の成長政策である「未来投資戦略2017」でフィンテックは5つの戦略分野の一つに分類され、具体的な目標として2020年6月までに80行以上の銀行におけるオープンAPIの導入や、キャッシュレス決済比率を今後10年以内に40％にまで向上させることなどが掲げられている。

自由民主党も、フィンテックを後押ししている。2015年にはフィンテック推進議員連盟の立上げ、2016年には「FinTechを巡る戦略的対応」を発表し、ブロックチェーン技術等の実用化、キャッシュレス化の推進、オープンイノベーション・オープンAPIの推進、国際的な連携・協働などを進めていく方針を打ち出している。

フィンテックに関係する主な政府機関は、金融庁、日本銀行、経済産業省などである。

金融庁は、法改正等を通じてフィンテックの導入を支援する姿勢を見せている。具体的には、2016年5月の銀行法改正で、銀行が金融業務に携わるICT企業への出資を認可した。これまで銀行による企業支配の懸念から銀行が直接に

出資できる上限は5％に留められていたが、改正によって銀行グループによる金融関連のICT企業等への出資制限が緩められ、フィンテックスタートアップ企業への出資や業務提携などが行いやすくなった。

2017年5月には銀行法をさらに改正し、電子決済等代行業者の登録制の導入と規制、銀行のオープンAPI導入の努力義務が定められた。これにより、前出のEUにおけるPSD2と同じく、フィンテック企業を中心とする電子決済等代行業者が銀行のICTシステムが持つデータやサービスにアクセスすることを可能とし、新しいサービスの開発や顧客利便性の向上につながることを目指している。

仮想通貨についても2017年4月の改正資金決済法で仮想通貨の定義や仮想通貨交換業の義務等が定められている。

法改正以外の取り組みも行われており、フィンテックに関する一元的な相談・情報交換窓口となるフィンテックサポートデスクを設立し、さらにフィンテック企業や金融機関等が前例のない実証実験を行う場として、「FinTech実証実験ハブ」の設置を打ち出している。海外の監督機関との協力関係も深めており、英国およびシンガポールとフィンテック協力フレームワークを設立している。

日本銀行もフィンテック促進に動き出している。2016年に決済機構局内にフィンテックセンターを設立。対外的には、フィンテックのスタートアップ企業や有識者などを集めたシンポジウム「フィンテックフォーラム」を、2016年から合計で4回開催している。また欧州中央銀行と共同で、「分散型台帳技術に関する共同調査プロジェクト（プロジェクト・ステラ）」も実施している。

経済産業省は産業育成の観点から、フィンテックを推進する立場である。2015年に「産業・金融・IT融合に関する研究会（FinTech研究会）」、2016年には「FinTechの課題と今後の方向性に関する検討会合（FinTech検討会合）」を開催、2017年5月にはフィンテックビジョンを公表し、目指すべきFinTech社会の姿やFinTech社会を実現するための課題と政策対応について述べている。

日本の政府・監督機関がフィンテック推進の姿勢を明確に打ち出している背景には、世界の流れと比較して日本の取り組みが遅れているという認識がある

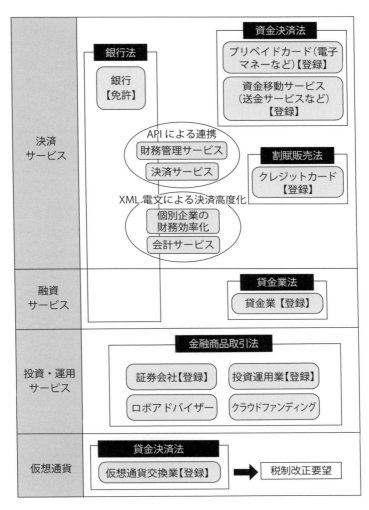

図表 6-6　日本　フィンテックに係る法体系 [193]

と考えられる。結果として、日本の政府・監督機関はスピード感を持ってフィンテックを取り巻く環境整備を行っており、世界の中でも先進的だと言える。また、FinTech協会など業界団体との連携も密に図られ、意見が取り入れられているようだ。

---

193 金融庁「フィンテックに関する現状と金融庁における取組み」

今後の課題は、こうした環境整備を実際のフィンテックサービスの盛り上がりにつなげていくことになる。もちろん民間の努力が大前提ではあるが、各種サービスの認知度を上げていくような手助けをしていくことなどが必要ではないだろうか。

　また、法律の在り方にも大きな変化が迫られている。これまでは銀行や証券など業態に基づき法律が定められていたが、様々なフィンテック企業が参入し独自のビジネスモデルを打ち出す中で、そうした規制の在り方が適合しない部分も増えてきている。

　金融庁も平成29事務年度の金融行政方針の中で、「現在の業態別の法体系が業態をまたいだビジネス選択の障害となったり、規制が緩い業態への移動や業態間の隙間の利用等を通じて規制を回避する動きが生じるおそれがある」と指摘し、機能別・横断的な法体系への見直しを打ち出している。実際の法改正までにはまだ時間がかかるようだが、大きな変化となることが予想され、注目する必要がありそうだ。

最後に　ー今後、我が国がとるべき方策ー

　本書では、決済や融資などフィンテックサービスの主要分野、フィンテックのエコシステムを支えるプレーヤー、政府の関わりなどについて、米国、中国、欧州、日本それぞれのあり方をまとめてきた。

　繰り返しになるが、フィンテックサービスのあり方は、それぞれの国の金融システムやICTインフラの整備状況、経済情勢、たどってきた歴史、さらには国民性や文化などによって、様々な形をとり、何か唯一の正解があるというものではない。一方、他の国々の取り組みをみて、優れていると思われるものがあれば、それを積極的に取り入れることは、市民の生活を向上させる上でも大変に有益なことだろう。

　以下では、各国の状況を見てきた中で感じた点をいくつか述べさせていただきたい。

決済：キャッシュレス決済手段の共通化を図ろう。利用者への利益還元で、銀行機能（支店・ATM）の縮小が受け入れられる枠組みの構築を進めよう

　第二章でみてきたように、日本は米国や北欧諸国に比べて現金の利用が高く、特に欧州や米国で普及しているデビットカードの普及がないのが目立っている。ただ世界のトレンドはICカードからモバイル端末へ移行していると考えられ、日本のキャッシュレス化推進ではモバイル端末の利用を前提とすべきである。

　日本ではスイカやナナコなど電子マネーの普及が進んでいることから、電子マネーを軸としたキャッシュレス化も想定できる。ポイントが付与されるなど、お得感が重要なのかもしれない。ただ、第二章で述べたように共通化されていないことが大きな課題で、金融インフラとして考えるのであれば、各電子マネー同士の相互交換や共通化などをより進めることが重要だろう。共通で使えるモバイルウォレット導入などが考えられる。

　小売店のキャッシュレス対応の促進という点では、導入コストを引き下げることが重要だ。その点では、中国で普及するQRコード決済は大変に参考になる。

　デンマークのDankortのように手数料を安くした独自規格を広く普及させる

ことも考えられる。ただ、北欧では決済用カードの発行を銀行本体が行っていることから、小売店等から徴収するカード決済の手数料率を下げても、加盟店の増加によるカード決済数の増加や現金取り扱いコストの削減などトータルでみたコストダウンが可能であり、金融機関がキャッシュレス化に取り組むインセンティブになっている。日本では過去のいきさつから銀行とカード発行会社・加盟店管理会社が別主体であることが通常だが、銀行がキャッシュレス化から得られる利益を関係する機関が共有できる仕組みを作ることも重要である。

　北欧諸国におけるカード決済の普及・キャッシュレス化では、幅広く国民に銀行口座を持たせ、給与や公的な金銭の付与は現金ではなく必ず銀行口座に振り込むといった、キャッシュレス化を支える施策がとられている。日本でも既に銀行口座の保有は広く進んでいるが、給与や年金、生活保護費などの銀行口座への振込義務化など、キャッシュレス化の土台となる施策について検討する価値があると考える。

　キャッシュレス化が進む中で、支店やATMといった銀行機能の縮小は避けて通れないだろう。日本では、身近にATMがあることが当たり前の状態にあるが、銀行が店舗やATMを削減することとキャッシュレス化のつながりを十分に説明し、顧客の利便性も担保することで、社会がそうした削減を受け入れる雰囲気を醸成する必要がある。
　さらに銀行がそうしたインフラ削減によるコスト削減効果を、利用者に一部でも還元することが重要だろう。例えば、店舗にキャッシュレス決済用インフラ（カードリーダーなど）を導入する際に、銀行が補助金など支援を行うことなどがありうる。
　キャッシュレス決済であれば、利用の履歴を追いかけることができるため、個人の利用状態に合わせた還元策を打つことが可能になる。キャッシュレス決済手段を多く利用した人に対して、ポイントでの還元や預金金利をわずかでも上乗せするといった方法が考えられよう。

融資：オンラインレンディングの活用で融資と投資のすそ野を広げよう

　フィンテックサービスの中でも、既存金融機関にとって影響が大きいのは、オンラインレンディングを始めとした融資サービスだろう。金融機関の金融仲介機能を代替し、それによって信用創造機能にも影響を与える可能性がある。

　オンラインレンディングの大きなメリットは、インターネットを介して多数の借り手と貸し手が集まることで、特定の機関が仲介するよりも貸出金利と受取金利が収斂するところにある。高い金利を要求され、借り入れを諦めていた人々や企業にも、借り入れの道を開くことになり、資金提供者も高い利回りを享受できる。日本では銀行預金の金利が圧倒的な低水準である今、為替リスクなく比較的高い利回りを得られる投資先として、貴重な存在になりうる。

　デフォルト等のリスクとそれに見合った適切な利率の設定のためには、詳細な情報取得と高度なリスク評価が必要となる。第三章ではJスコアという新しい取り組みを紹介したが、どういった情報をどのくらいの期間に渡って蓄積し分析するか、また個人情報保護などとの兼ね合いなどが今後の課題になる。

　分析した信用評価スコアを広く共有するかどうかも問われる。米国のFICOスコアや、アリババの芝麻信用のように、社会全般で広く利用されるスコアがあると、それを元にしたマーケットが成り立つ。ただし、その統一されたスコアへの依存度が高まりすぎるとプラットフォームの多様性は失われる。証券取引のように一つのプラットフォームに多数の貸し手と借り手が集まる方がいいのか、それとも多数のプラットフォームがあった方がより融資の幅が広がるのかの判断には多くの試みと時間が必要となりそうだ。

　当面の日本における課題は、第三章でみたように、知名度がほとんどないという点であろう。また個人向けについては、ほとんどサービスが提供されていない状況にもある。投資家向けには、比較的に高い利回りや現状ではデフォルト率も高くない点などをアピールし、啓発活動をすすめることが重要と考える。

スタートアップ企業支援：インキュベーションの充実を

　第五章でまとめたように、米国や欧州では金融機関や独立系の様々な組織がフィンテックスタートアップ企業にインキュベーションの場を提供し、その中

から自らの組織に有用な技術を獲得することを行っている。

　日本においても大企業がスタートアップ企業と提携する動きが強まり、ハッカソン[194]やピッチと呼ばれるコンテストが多く行われている。一方、フィンテックのスタートアップ企業が腰を据えて事業活動を行うことが出来る場としてはFinolabが有名だが、それ以外の活動はあまり目立たない。

　しかし、複数の育成組織があることで、フィンテック業界の厚みを増すことが出来ると考える。特に海外のスタートアップ企業の日本進出などでは、そうしたインキュベーションの枠組みが大きな支えになるだろう。

　インキュベーション施設の運営には、地域銀行や大手ICTベンダーの関与が考えられる。第五章では地域銀行によるフィンテックへの取り組みが課題だと述べたが、地域銀行が共同でインキュベーションの場を提供することで、個別に連携するよりも多くのスタートアップ企業と密な関係を構築することができる。

　また、優れた技術を持つスタートアップ企業であっても、長期間にわたる保守サービス等の仕組みにリソースを割く余裕がないケースは多い。こうしたスタートアップ企業が金融機関からの信用を獲得する上でも、大手ICTベンダーとの協働には意味があると考える。大手ICTベンダーにとっても、自らが開発できない技術を取り込む大きな機会になるだろう。

---

[194] ソフトウェア開発分野の技術者が集まって、集中的に作業をするソフトウェア関連プロジェクトのイベント

文中に記述した以外の参考文献

- アルンスンドララジャン「シェアリングエコノミー」日経BP社2016年
- 渥美坂井法律事務所・外国法共同事業Fintechチーム「Fintechのビジネス戦略と法務」金融財政事情研究会2017年
- 川村雄介「最新中国金融・資本市場」金融財政事情研究会2013年
- 楠真「FinTech2.0」中央経済社2016年
- 隈本正寛・松原義明「Fintechとはなにか」金融財政事情研究会2016年
- 城田真琴「FinTechの衝撃」東洋経済新報社2016年
- 童適平「中国の金融制度」勁草書房2013年
- 淵田康之「キャッシュフリー経済」日本経済新聞出版社2017年
- 本田元「カードビジネスの実務」中央経済社2016年
- 本田元「FinTechが変えるカード決済ビジネス」中央経済社2017年
- 増島雅和・堀天子「FinTechの法律」日経BP社2016年
- 山谷剛史「中国のインターネット史」星海社2015年

著者略歴

大平　公一郎（おおひら　こういちろう）

国際社会経済研究所　情報社会研究部　主任研究員
米国公認会計士（Certified）、日本証券アナリスト協会検定会員

関西学院大学法学部卒業。証券会社での証券アナリスト業務を経て、2004年にNEC総研（現在は国際社会経済研究所）に入社。ICT市場動向調査、ICT企業の事業戦略調査などを担当し、近年は海外のフィンテック最新動向を主なテーマに調査研究活動を行っている。
著書に、「アジアの消費　明日の市場を探る」（共著、ジェトロ）

なぜ、日本でFinTechが普及しないのか
欧米・中国・新興国の金融サービスから読み解く日本の進む道　　NDC338

2018年2月22日　初版1刷発行　　　　　定価はカバーに表示されております。

　　　　　　　　　　　Ⓒ著　者　　大　平　公一郎
　　　　　　　　　　　　発行者　　井　水　治　博
　　　　　　　　　　　　発行所　　日刊工業新聞社
　　　　　　　　　　　〒103-8548　東京都中央区日本橋小網町14-1
　　　　　　　　　　　電話　書籍編集部　03-5644-7490
　　　　　　　　　　　　　　販売・管理部　03-5644-7410
　　　　　　　　　　　　　　FAX　　　　　　03-5644-7400
　　　　　　　　　　　振替口座　00190-2-186076
　　　　　　　　　　　URL　　http://pub.nikkan.co.jp/
　　　　　　　　　　　email　info@media.nikkan.co.jp
　　　　　　　　　　　印刷・製本　新日本印刷株式会社

落丁・乱丁本はお取り替えいたします。　　2018　Printed in Japan
　　　　　　ISBN 978-4-526-07808-8

本書の無断複写は、著作権法上の例外を除き、禁じられています。